AF533956

A.M. Abell

Gespräche mit berühmten Komponisten

Arthur M. Abell

Gespräche mit berühmten Komponisten

über die Entstehung ihrer unsterblichen Meisterwerke, Inspiration und Genius

Artha

Aus dem Englischen übersetzt von Dr. Christian Dehm
Titel der Originalausgabe:
"Talks with great Composers"

ISBN 978-3-89575-047-2
7. Auflage

D 87466 Haslach

Gestaltung und Layout: Rolf Mihm
Cover-Bild: Kirill Semenov - Fotolia
Internet Verlag: www.artha.de
Druck: Steinmeier, Deiningen

Meinem lieben Freund
Olin Downes

Der Verfasser Arthur M. Abell
als junger Violinschüler im Jahre 1889

Inhaltsverzeichnis

Richard Strauss

Johannes Brahms

Bildtafeln

Einleitung

Der Entschluß, dieses Werk zu veröffentlichen, ist begründet auf der Überzeugung von seiner besonderen Bedeutung nicht nur für Komponisten, ausübende Musiker und Musikexperten, sondern auch für alle anderen geistig aufgeschlossenen, schöpferisch tätigen Menschen.

Die Komponisten, die der Verfasser persönlich kennenlernte, erkannten den Wert ihrer Enthüllungen für nachfolgende Generationen und schilderten entgegenkommend die physischen und psychischen Vorgänge während des Komponierens.

Johannes Brahms war bereits verschiedene Male vergeblich um seinen Beitrag zu dem geplanten Buch gebeten worden, bevor er sein streng gehütetes Geheimnis preisgab. Brahms beschränkte sich im Verlauf der Unterhaltung nicht allein auf das gestellte Thema, sondern gewährte in hohem Maße auch einen tiefen Einblick in seine geistigen und religiösen Interessensphären. Dies darf als willkommene Zugabe des Komponisten vieler bedeutender Musikwerke gelten.

Die im Wortlaut festgehaltenen Gespräche dürften in ihrer Art einmalige Dokumente sein und ein wertvoller Beitrag zur Musikgeschichte. Sie wurden erstmals über 50 Jahre nach dem Tode von Johannes Brahms veröffentlicht, weil die Einhaltung dieser Frist von ihm zur Bedingung gemacht wurde.

G.E. Schroeder

Anmerkung zur Neuauflage

Nachdem dieses wertvolle Werk jahrelang der Musikwelt nicht mehr zugänglich war und auch einige Zeit in unseren Schubladen geruht hat, sind wir durch die Vielzahl von Anregungen dazu bewegt worden, eine Neuauflage in Angriff zu nehmen. Wir hoffen einer neuen Generation von Musikfreunden den inneren Kontakt zu den großen Komponisten der Vergangenheit wieder zugänglich zu machen.

Oliver Fischer (Verleger)

Vorwort

Während meines langen Aufenthaltes in Europa von 1890 - 1918 war es mir vergönnt, mehrmals mit Brahms, Strauss, Puccini, Humperdinck, Bruch und Grieg über die Frage der Inspiration zu sprechen. Die folgenden Seiten berichten in Einzelheiten über die Enthüllungen dieser berühmten Komponisten in bezug auf ihre geistigen und psychischen Erlebnisse beim Komponieren und über die inneren Kräfte im Augenblick des schöpferischen Impulses.

Das Gespräch mit Brahms fand im Spätherbst 1896 statt und kam durch die Vermittlung Joseph Joachims zustande. Er war Brahms` vertrautester Freund; sein wunderbares Spiel veranlaßte Brahms zur Komposition seines Violinkonzertes. Ein zweisprachiger, erfahrener Stenograph, den mir die amerikanische Botschaft in Wien vermittelte, hielt das dreistündige Gespräch im genauen Wortlaut fest.

Bei den übrigen fünf Komponisten war dies nicht der Fall, doch zeigten sie so großes Interesse an dem Thema, daß sie mir genügend Zeit zu Notizen über ihre geistigen und seelischen Vorgänge ließen; ihre Bemerkungen sind also ebenfalls im Wortlaut erhalten.

Sie werden fragen, warum die Enthüllungen der sechs so berühmten Komponisten jetzt zum ersten Mal veröffentlicht werden. Die Antwort gibt die entschiedene Forderung des Komponisten Brahms, seine Enthüllungen erst 50 Jahre nach seinem Tode zu veröffentlichen.

Die allgemeine Verschlechterung der Weltlage seit Ablauf der gestellten Frist am 3. April 1947 hat meine Begeisterung gedämpft. Angesichts der ständigen Drohung mit einem 3. Weltkrieg, Überraschungsangriffen mit Atom- und Wasserstoffbomben auf New York und andere große amerikanische Städte, chemische Kriege und der möglichen Vernichtung unserer Kultur schien es sich nicht zu lohnen, ein rein geistig orientiertes Buch zu veröffentlichen, da es mit unserer Zeit nicht mehr in Einklang zu stehen schien.

Ich erinnere an die historische Rede, die General MacArthur auf dem Schlachtschiff Missouri am 2. September 1945, unmittelbar nach der japanischen Kapitulation, hielt. Er führte aus:

"Militärbündnisse, Gleichgewicht der Kräfte, Völkerbund, alle haben sie der Reihe nach versagt. Unsere Chance ist vorbei. Das heutige

Problem ist im Grunde ein theologisches und stellt die Frage einer geistigen Erneuerung und Besserung des menschlichen Charakters, die mit dem unvergleichlichen wissenschaftlichen Fortschritt in Übereinstimmung gebracht werden kann."

Weise Worte, aber leider ist die geistige Renaissance noch nicht zu spüren. Im Gegenteil, die Zukunftsaussichten verdüsterten sich zusehends; seit einigen Monaten jedoch erscheinen die Friedensaussichten etwas günstiger. So bin ich zu der Schlußfolgerung gelangt, daß dieses Material rein geistiger Natur einen willkommenen Beitrag zur Literatur unserer Zeit liefern kann.

Ein weiterer Grund ist der große Wandel in der Beurteilung von Brahms, der im Laufe der Zeit eingetreten ist. Im Jahre 1880 erklärte zum Beispiel der berühmte Wiener Geiger Joseph Hellmesberger, der Lehrer Fritz Kreislers und Franz Kneisels, das Violinkonzert sei "nicht für, sondern gegen die Violine geschrieben", und sagte voraus, es würde bald in Vergessenheit geraten.

Im selben Jahr, in dem Joachim das Violinkonzert in Berlin vorstellte, verdammten es die Kritiker unbarmherzig. Als Folge dieses Fiaskos verpflichteten die großen Symphonieorchester Europas Joachim im Laufe des nächsten Jahrzehnts nur unter der ausdrücklichen Bedingung, kein Brahms-Konzert zu spielen.

In auffallendem Gegensatz dazu steht eine Äußerung Eugene Ormandys, die er mir gegenüber am 3. Februar 1953 anläßlich einer bewundernswerten Wiedergabe des Werkes durch Zino Francescatti und des Philadelphia Orchestra mit Ormandy als Dirigent nach der Aufführung im Künstlerzimmer machte:

"Mr. Abell, bei meinen Zuhörern und allen meinen Geigern ist das Brahms-Konzert heute das beliebteste unter allen Violinkonzerten, dasjenige Beethovens nicht ausgenommen."

Ein Blick auf die Programme unserer führenden Symphonieorchester beweist die Richtigkeit der Prophezeihung Joachims vom Jahre 1896. Brahms ist Beethovens Rivale geworden.

Für das große Interesse an meinem Manuskript, für dessen sorgfältige Durchsicht und für viele wertvolle Anregungen möchte ich meinem Freund Robert Haven Schauffler herzlich danken. Seine Begeisterung für das Thema und dessen Darstellung waren mir eine große Hilfe.

Ein besonderes Wort des Dankes gebührt meinem Freund, dem Reverend Frederick P. Mudge, der als Geistlicher auf eine 50jährige Erfahrung auf der Kanzel zurückblickt. Seine Einstellung zur Auffassung von Gott als der wahren Quelle der Inspiration, wie Brahms sie vertritt, erwies sich als äußerst anregend.

Schließlich sei meiner lieben Frau, Louise Miller Abell, meiner Nichte, Madeleine Abell Comstock, sowie meiner Sekretärin, Florence C. Steinhauer, herzlicher Dank für ihre tätige Mitarbeit bei der Vorbereitung der folgenden Kapitel gesagt.

A.M.A

Hastings-on-Hudson, N.Y.

Richard Strauss

Als Gast bei Richard Strauss in Weimar 1890

In der ganzen Musikgeschichte gibt es keine Stadt, die man mit Weimar vergleichen könnte. In den 1890er Jahren nannte man es "Das Athen an der Ilm" wegen seiner reizenden Lage an der Ilm und weil es viele Jahre lang ein großes Kulturzentrum war. Als Wohnsitz Bachs, Goethes, Schillers und Liszts hatte es mich schon lange interessiert, aber bei meiner Ankunft war ich doch erstaunt, als ich erfuhr, wie viele sonstige Weltberühmtheiten vorübergehend dort gewohnt hatten und welcher Brennpunkt höchster Kultur es gewesen war.

Ich wohnte im "Erbprinz" am Marktplatz. Als ich dieses berühmte, alte Hotel betrat, begeisterte mich die Inschrift auf einer Tafel in der Nähe des Hauptportals:

In diesem Hause wohnte
Johann Sebastian Bach 1708-1717.

In diesem altehrwürdigen Gebäude wurden auch Bachs drei berühmte Söhne Friedemann, Philipp Emanuel und Johann Gottfried geboren. Bach selbst erlebte es, daß einer von ihnen, Philipp Emanuel, als Dirigent des Hoforchesters Friedrichs des Großen zu europäischem Ruhm gelangte. In diesem Hause komponierte Bach auch viele seiner Kantaten und Orgelwerke, die er dann auf der Orgel der Weimarer Hofkirche selbst spielte. Eine weitere freudige Überraschung, die mich am ganzen Körper erschauern ließ, erlebte ich gleich darauf, als ich das mir zugewiesene Zimmer betrat und auf einer Tafel über der Tür las:

In diesem Zimmer wohnte
Niccolò Paganini während seines
Aufenthalts in Weimar 1829.

Der Hotelbesitzer, Herr Vetter, hatte mir das Zimmer zugewiesen, weil ich ihn nach Karl Halir, dem Konzertmeister des Weimarer Orchesters, gefragt hatte, für den ich ein Empfehlungsschreiben von Hans von Bülow, seinem Lehrer, in der Tasche hatte. In anderen

Räumen des Hotels hatten Napoleon, Humboldt, Mendelssohn, Spohr, Weber, Wagner, Liszt, Rubinstein, Berlioz, Brahms, Saint-Saens, Ibsen, Hans Christian Andersen und Ole Bull gewohnt, und jedes der Zimmer trug ein Täfelchen über der Tür mit dem Namen seines berühmten Bewohners. Als ich mich nach Richard Strauss erkundigte, sagte Herr Vetter: "Ich werde Sie ihm morgen vorstellen, er speist hier jeden Tag um 13 Uhr in Gesellschaft von Eduard Lassen, dem anderen Weimarer Dirigenten, Hans Giessen, dem ersten lyrischen Tenor der Oper, und Hans Wahl, dem Kurator des Goethe-Museums, Deutschlands bestem Kenner des großen Dichters."

Herr Vetter hielt Wort, und nachdem Strauss Bülows Empfehlungsschreiben gelesen hatte, forderte er mich auf, neben ihm Platz zu nehmen. Die vier Männer waren begierig, etwas über die neuere Richtung der amerikanischen Musik von mir zu erfahren. Insbesondere Strauss befragte mich über das Bostoner und das New Yorker Philharmonische Orchester und teilte mir mit, er sei mit Arthur Nikisch, dem Dirigenten des Bostoner Symphonie-Orchesters, gut bekannt und habe auch Walter Damrosch getroffen. Er fügte hinzu: "Ich freue mich, daß Damrosch an moderner Musik interessiert ist und daß er meine zwei neuen symphonischen Dichtungen *Tod und Verklärung* und *Don Juan* in New York herausbringen will."

Nach dem Essen nahm mich Strauss mit in seine Junggesellenwohnung in der Erfurter Straße, wo er im 2. Stock desselben Hauses wohnte, in dem Grützmacher, der erste Cellist des Orchesters, den 1. Stock innehatte. Auf dem Flügel lag eine Kopie von Berlioz` berühmtem *Traité de l´Instrumentation*, und auf meine Frage, wie er darüber denke, antwortete Strauss: "Es ist die umfassendste Abhandlung, die jemals über dieses wichtige Thema geschrieben worden ist, sollte aber revidiert und erweitert werden; viele Neuerungen sind seit Berlioz, besonders von den beiden Titanen Wagner und Brahms, eingeführt worden, und ich überarbeite das Werk gerade, um es auf den Stand der heutigen Forschung zu bringen."

Richard Strauss in Weimar 1890
Der 26jährige überreichte Mr. Abell dieses Foto mit dem Hornthema aus "Don Juan" als Widmung anläßlich ihrer ersten Begegnung in Weimar.

Der 26jährige Komponist spricht über die Quelle seiner Inspiration

Als ich dem damals erst 26jährigen Strauss meine Bitte vortrug und ihn fragte, ob er mir etwas über seine eigenen geistigen Vorgänge beim Komponieren mitteilen wolle, sagte er:

"Sie haben die wichtigste Frage für den Komponisten, nämlich die der Inspiration, angeschnitten, denn ohne diese kann nichts von bleibendem Wert zu Papier gebracht werden. Ein guter Komponist muß auch über die erforderlichen Fachkenntnisse verfügen, was einer der Gründe ist, weshalb ich Berlioz` Arbeit über die Instrumentation überprüfe; aber wie gut die Ausführung auch sein mag, keine Komposition wird lange leben, wenn sie nicht inspiriert ist. Bach, Haydn, Mozart, Beethoven, Weber, Schubert, Mendelssohn, Schumann und Wagner waren inspirierte Komponisten und verfügten über großes technisches Geschick.

Heute ist Johannes Brahms bei weitem der größte aller lebenden Komponisten; er ist ein crescendo von Beethoven. Seine Variationen über Paganinis 24. Caprice geben sogar dem größten Pianisten einige harte Nüsse zu knacken, und das Finale seiner e-Moll-Symphonie erfüllt mich immer mit der größten Bewunderung, sooft ich sie dirigiere. Übrigens interessiert es Sie vielleicht, daß ich bei der ersten Probe dieser Symphonie in Meiningen im Jahre 1885 die Trommel schlug. Ich studierte damals in Bülows Dirigentenklasse und kann Ihnen versichern, daß ich es nicht leicht hatte, die Takte zu zählen, während die Trommel pausierte. Brahms dirigierte selbst und gab mir keine Einsätze. Bei der öffentlichen Aufführung am folgenden Abend war ich erstaunt, mit welcher Ruhe der eigentliche Spieler, der bei der Probe krank gewesen war, immer im richtigen Augenblick einsetzte."

"Wie interessant!" rief ich aus. "Ich kann Sie mir allerdings an der Trommel nicht gut vorstellen. Als mir Walter Damrosch letzten Winter in New York die Partitur Ihres *Don Juan* zeigte, sagte er zu mir: 'Mein lieber Abell, versäumen Sie bei der Suche nach schöpferischen Genies in Europa ja nicht, Richard Strauss in Weimar zu besuchen. Ein Komponist, der ein so revolutionäres Werk wie *Don Juan* im Alter von 24 Jahren schreiben kann, ist ein Genie. Vergessen Sie meine Worte nicht! Dieser junge Mann wird eines Tages in der musikalischen Welt großes Aufsehen erregen.'"

"Es war sehr freundlich von Damrosch, so über mich zu sprechen, aber es gibt viele gute Musiker, die ihm nicht zustimmen würden. Lassen zum Beispiel, dessen Assistent ich bin, hält *Don Juan* für zu revolutionär und geräuschvoll, worüber man sich nicht zu wundern braucht, da er Wagner, mein Ideal, in puncto Instrumentation und Ausdrucksmusik nicht ausstehen kann."

"Wie fließen Ihnen die inspirierten Ideen zu?" fragte ich. "Ich sammle Material für ein Buch über die Inspiration, und Sie sind der erste Komponist, den ich darüber befrage. Es wäre für mich von unschätzbarem Wert, wenn Sie mich über Ihre inspirativen Erlebnisse beim Komponieren aufklären möchten."

"Komponieren ist ein Vorgang, der nicht so leicht zu erklären ist", antwortete Strauss. "Wenn die Inspiration eintritt, ist sie von solcher Scharfsinnigkeit und Feinheit - wie ein Irrlicht -, daß sie sich beinahe jeder genaueren Bestimmung entzieht. Wenn ich mich in inspirierter Stimmung befinde, habe ich bestimmte Zwangsvisionen unter dem Einfluß einer höheren Macht. In solchen Augenblicken spüre ich, daß ich die Quelle der unendlichen und ewigen Kraft, aus der Sie und ich und alle Dinge hervorgehen, erschließe. Die Religion nennt sie Gott. Im Augenblick interessiere ich mich sehr für die persönlichen Erlebnisse des großen schwedischen Mystikers Swedenborg, worüber ich ein anderes Mal mit Ihnen ausführlich sprechen werde.

Heinrich Zeller, der erste Heldentenor der Weimarer Oper, wird gleich kommen, um mit mir die Rolle des *Tannhäuser* durchzugehen. Er soll sie nächste Woche hier zum ersten Mal singen, wobei Sie mich hören können, wenn ich Wagner dirigiere."

Strauss erhob sich, holte eine kleine Photographie von sich aus einem Album, klebte sie auf einen Karton und schrieb als Widmung das Hornthema aus Don Juan darunter, wobei er zu mir sagte:

"Vielleicht freuen Sie sich über diese Photographie von mir, die erst letzte Woche gemacht wurde. Da Damrosch ihnen die Partitur des *Don Juan* zeigte und weil wir heute nachmittag wiederholt darauf zu sprechen kamen, scheint mir das Hornthema am Platze zu sein."

Ich dankte Strauss herzlichst für dieses Photo und für die Geduld, die er aufbrachte, um mir für meine Notizen Zeit zu lassen und es mir so zu ermöglichen, seine eigenen Worte über die Inspiration niederzuschreiben. Wenn ich berühmte Männer interviewe, mache ich es mir immer zur Regel, ihre eigenen Worte sofort zu Papier zu bringen, um einen wortgetreuen Bericht zu haben. Die Photographie von Strauss mit seiner Widmung wird jetzt zum ersten Mal veröffentlicht, 36 Jahre nachdem er sie mir überreicht hat.

So begann meine Freundschaft mit Richard Strauss, die sechs Jahrzehnte bis zu seinem Tod im Jahre 1949 dauerte. Ich erhielt von ihm in den nächsten 58 Jahren vier weitere Photographien mit Widmungen. Die letzte, die ein Jahr vor seinem Tod aufgenommen wurde, zeigt ihn mit einem Kopf so kahl wie eine Billardkugel - ein eigenartiger Kontrast zu jener aus dem Jahre 1890.

Strauss dirigiert "Tannhäuser"

Die Aufführung des *Tannhäuser* an der Großherzoglichen Oper wenige Tage später wurde für mich zu einem denkwürdigen Ereignis. Zeller spielte die Titelrolle, und Pauline de Ahne, die Strauss vier Jahre später heiratete, sang die Rolle der Elisabeth. Sie hatte von ihren Freunden den Spitznamen "Pauline mit der scharfen Zunge" ob ihres schlagfertigen, beißenden Witzes und ihrer sarkastischen Bemerkungen erhalten. Im Juli 1895 erlebte ich Strauss als Dirigent des *Tannhäuser* in Bayreuth mit denselben Sängern in den zwei Hauptrollen. Dies geschah auf besonderes Ersuchen von Frau Cosima Wagner, die den jungen Verfechter der Musikdramen ihres Gatten sehr bewunderte.

Frau Cosima hatte allen Grund, Richard Strauss für seine unermüdlichen Bemühungen, in Weimar für Richard Wagner Verständnis zu erwecken, zu danken. Besucher aus allen Teilen Europas wohnten den Aufführungen bei. Im Jahre 1890 wurde dieser gewaltige Reformer der Oper keineswegs allgemein bewundert, nicht einmal in Deutschland; er hatte immer noch viele Verleumder, unter anderen Eduard Lassen, mit dem ich mich oft über Richard Wagners Platz in der Musikgeschichte unterhielt.

Lassen war ein hervorragender Musiker, ein bewundernswerter Pianist, (damals) ein ausgezeichneter Komponist und ein sehr fähiger Dirigent, aber völlig unfähig, Wagners Genie und seine ungeheure Bedeutung in der Musik zu erkennen. Wie Spohr in seiner lächerlichen Unterschätzung Beethovens und Philip Hale in seiner Abneigung gegen Brahms, war Lassen ein Rätsel. Er war Nachfolger von Liszt als erster Dirigent der Weimarer Oper im Jahre 1861, und Strauss war nur sein Assistent, aber der junge "Feuerbrand", wie Lassen Strauss nannte, überragte turmhoch seinen Vorgesetzten an musikalischem Fassungsvermögen und an Einsicht.

Ich speiste im Winter 1890 und 1891 täglich mit Strauss und Lassen im "Erbprinz" und hörte sie oft über Wagner diskutieren. Bei einer Gelegenheit, als Strauss beredsam von seinem Ideal sprach, zitierte Lassen Shakespeare in der großartigen Schlegel-Tieck-Übersetzung: ",Mein lieber junger Freund, sprenge auf die Hitze und Flamme deines Übels abkühlende Geduld!" Dieser Wagner-Fimmel ist nur eine vorübergehende Erscheinung, in 50 Jahren wird er vergessen sein. Seine Musik ist geräuschvoll, vulgär und plärrend, und im Laufe der Zeit wird er seinen Platz in der Musikgeschichte finden."

"Sicherlich", entgegnete Strauss, "und ich sage voraus, daß er in 50 Jahren als der größte aller Opernkomponisten gelten wird."

Weimar als kultureller Mittelpunkt der 90er Jahre

Ich war vom musikalischen und gesellschaftlichen Leben in Weimar so angetan, daß ich zweieinhalb Jahre blieb; allerdings reiste ich dazwischen häufig nach München, Leipzig, Bayreuth und besonders Berlin, wo ich mich dann nach der Einweihung der Bechstein-Halle im September 1892 für dauernd niederließ. Meinen Wohnsitz in Weimar behielt ich bis 1909 im Hause meiner ersten Frau, Klara Löser, die aus dem "kleinen Athen an der Ilm" stammte, bei.

Der Kontrast zwischen Weimar und amerikanischen Städten gleicher Größe überraschte mich. Bei meiner Ankunft betrug die Einwohnerzahl 25.000, was etwa der Größe meiner Heimatstadt Norwich, Connecticut, entsprach. In den 70er und 80er Jahren genoß Norwich viele, für einen Ort dieser Größe ungewöhnliche kulturelle Vorzüge, weil verschiedene sehr reiche und am Staat interessierte Bürger dort wohnten. Die erste Persönlichkeit war der Multimillionär Slater, durch dessen Großzügigkeit wir das New Yorker und Bostoner Symphonie-Orchester sowie die hervorragendsten Sänger und Instrumentalisten jener Zeit hören konnten. Ich erinnere mich, als Junge Myron T. Whitney, Emma Juchs, Christine Nilsson, Rafael Josseffy, Leopold Lichtenberg und Franz Kneisel erlebt zu haben.

Norwich konnte jedoch keinen Vergleich mit Weimar bestehen. In dieser kleinen Stadt Thüringens fand ich ein erstklassiges Theater vor, das zehn Monate hindurch jeden zweiten Abend eine Oper aufführte; das bedeutete in jeder Saison nicht weniger als 150 Opernvorstellungen. Während jener zweieinhalb Jahre in Weimar hörte ich genau 105 verschiedene Opern.

Die anderen Abende waren dem Drama vorbehalten, auf der gleichen Bühne, auf der einst Goethe die Aufführungen seines *Faust* und seiner anderen Dramen persönlich überwachte; ich sah Sarah Bernhardt, Eleonora Duse, Adolf Sonnenthal, Josef Kainz und Ernst von Possart, alle in Gastrollen. Die Oper hatte sich auch berühmte Gäste verpflichtet, wie Lilli Lehmann, Rosa Sucher (als Isolde), Paul Scheidemantel, Etelka Gerster (als Rosina im *Barbier von Sevilla* mit Strauss als Dirigent), Max Alvary und viele andere prominente Opernsänger jener Zeit. Die Symphoniekonzerte, die Strauss und

Lassen abwechselnd dirigierten, waren mit berühmten Solisten besetzt: Joseph Joachim, Eugen d`Albert, Moritz Rosenthal, Emil Sauer, Pablo Sarasate, Eugene Ysaye und anderen.

Die Stadt rühmte sich auch ihres ausgezeichneten Konservatoriums für Musik, das von Müller-Hartung, einem engen Freund Liszts und Wagners, geleitet wurde, und besaß eine bekannte Malschule. Dies alles hatte die Großzügigkeit des Großherzogs von Weimar, Karl Alexander, ermöglicht, dessen Mutter Maria Pavlovna war, die sagenhaft reiche Tochter des russischen Zaren Paul I., der seinerseits Katharina die Große zur Mutter hatte. Der Großherzog hatte die sehr vermögende holländische Prinzessin Sophie, die eine Mitgift von 96 Millionen Mark besaß, geheiratet. Die Subventionen waren dementsprechend großzügig gewesen.

Die große Bedeutung von Weimar insbesondere als Musikmittelpunkt besteht darin, daß Johann Sebastian Bach sich im Jahre 1708 dort niederließ und Franz Liszt später das hohe Niveau des großen Kantors festsetzte.

Richard Strauss war ein würdiger Nachfolger dieser zwei Titanen. Als ich dort lebte, setzten sich die Einwohner hauptsächlich aus emeritierten Universitätsprofessoren und hohen Offizieren der Armee und der Marine zusammen, die nicht nur aus allen Teilen Deutschlands und Österreichs, sondern von Rußland, Italien, Spanien, Frankreich und vielen Balkanstaaten kamen. Es bestand auch eine englische Kolonie mit einigen hundert Personen.

Zum Erstenmale aufgeführt
auf dem
Großherzoglichen Hof-Theater
Weimar den 28. August 1850
unter der Direction
des
Herrn Hof-Capellmeister Dr. Franz Liszt.

PERSONEN:

Heinrich der Vogler, deutscher König.	Herr Höfer.
Lohengrin, ...	Herr Beck.
Elsa von Brabant, ...	Fräulein Agthe.
Herzog Gottfried, ihr Bruder.	Frau Hettstedt.
Friedrich von Telramund, brabantischer Graf. . . .	Herr Milde.
Ortrud, seine Gemahlin.	Fräulein Fastlinger
Der Heerrufer des Königs.	Herr Pätsch
Sächsische und Thüringische Grafen und Edle	
Brabantische Grafen und Edle	
Edelfrauen	
Edelknaben	
Mannen Frauen Knechte	

Antwerpen: erste Hälfte des zehnten Jahrhunderts.

In Scene gesetzt vom Regisseur Herrn Genast.
Decorationen vom Hof-Theatermaler Herrn Holdermann.
Maschinerie vom Hof-Maschinist Herrn Höck.

Programm der Welt-Uraufführung von "Lohengrin" in Weimar 1850.

Eduard Lassen,
erster Dirigent der Oper in Weimar.

Erinnerungen an Franz Liszt und Richard Wagner

Es dürfte angebracht sein, hier einen Artikel im Wortlaut zu bringen, den ich 60 Jahre später, im August 1950, zusammen mit Howard Taubmann für die "New York Times" schrieb. Der Anlaß war die Feier des 100. Geburtstages der Welturaufführung des *Lohengrin* in Weimar unter Franz Liszt. Der Artikel lautet:

Wendepunkt
Neues Material über die Bedeutung der "Lohengrin"-Premiere im Jahre 1850 für Richard Wagner

Der 28. August 1850 war ein Datum von überragender Bedeutung in der Geschichte der Musik, denn er sah die Welturaufführung des *Lohengrin*, die als Wendepunkt in der Laufbahn Richard Wagners gilt. Der Erfolg und die grenzenlose Begeisterung Liszts belebten die Hoffnungen des völlig entmutigten Komponisten wieder und entfachten in ihm den Ehrgeiz, seine kühnen Pläne weiterzuführen.

Genau vierzig Jahre später, im Jahre 1890, hörte ich auf derselben Bühne eine wundervolle Wiedergabe derselben Oper, und der Dirigent war Richard Strauss, der damals erst sechsundzwanzig Jahre alt war. Ganz in meiner Nähe saßen Herr Rudolph von Milde und seine Frau, geborene Agthe, und von diesem Künstlerpaar erfuhr ich etwas später viele interessante Einzelheiten über jene epochemachende Uraufführung, Einzelheiten, die in keiner Biographie von Liszt oder Wagner zu finden sind.

Herr und Frau von Milde hatten nämlich beide bei dieser Uraufführung mitgewirkt, sie als die erste Elsa und er als der erste Telramund. Vor allen Dingen war ich erstaunt zu erfahren, was für eine wichtige Rolle Maria Pavlovna, die Großherzogin von Weimar, bei der Aufführung des *Lohengrin* und bei Liszts Tätigkeit in Weimar von 1848 bis 1859 spielte.

"Liszt hätte es nie gewagt", sagte mit Herr von Milde," das noch nie aufgeführte und gänzlich unbekannte Werk des verfolgten und

Franz Liszt im Jahre 1850,
in der Zeit, als er die "Lohengrin"-Premiere dirigierte.

verbannten Richard Wagner auf den Spielplan zu setzen ohne die moralische Unterstützung dieser mächtigen und musikliebenden Großfürstin. Sie war die Tochter des Zaren Paul 1. von Rußland, und Katharina die Große war ihre Großmutter; sie hatte also deutsches Blut in den Adern.

Der Großherzog selbst war auch ein regierender Fürst, und seine Sympathien waren ganz bei den anderen gekrönten Häuptern von Deutschland, die alle Richard Wagner für einen gefährlichen Revolutionär hielten. Wagner war damals ein Ausgestoßener, ein Flüchtling. Die sächsische Regierung hatte wegen seiner Teilnahme an der Revolution Haftbefehl gegen ihn erlassen. Maria Pavlovna war aber eine sehr selbständige, freidenkende Fürstin; sie meinte, Politik und Kunst müßten getrennt werden."

Darauf stellte ich an Herrn von Milde die Frage: "War denn die Maria Pavlovna wirklich so musikverständig, daß sie ein so eigenartiges Werk wie *Lohengrin* schätzen konnte?"

"Unbedingt", antwortete Herr von Milde, "sie war sehr musikalisch; sie spielte ausgezeichnet Klavier, und sie studierte damals Komposition bei Liszt. Ihre Begeisterung für ihn als Künstler war maßlos, und Liszt schätzte sie sehr. Er hat mir mal gesagt: 'Ich hätte mich nie in Weimar als Dirigent niedergelassen, wenn diese geniale Fürstin nicht am Ruder gewesen wäre. Gleich bei meiner ersten Begegnung mit ihr war ich erstaunt über ihre Begeisterung für die Musik und für die Kultur überhaupt und über ihr gesundes, verständnisvolles Urteil in allen musikalischen Dingen. Sie sagte mir gleich bei der ersten Unterredung, daß ich der Mann wäre, den Weimar brauchte, und daß sie mit meiner Hilfe die Weimarer Oper zu einer der ersten Bühnen Deutschlands machen könnte. Der Großherzog selbst versteht nichts von Musik. Er subventioniert die Oper, um seine musikalischen Untertanen zufriedenzustellen; aber er selbst hat kein wirkliches Interesse daran.'"

Hier schaltete sich Frau von Milde ein: "Um die ungeheure Bedeutung der *Lohengrin*-Premiere besser zu verstehen, sollten wir uns um ein Jahr zurückversetzen. Ich genoß den Vorzug, der ersten Aufführung des *Tannhäuser* unter Liszt in Weimar beiwohnen zu dürfen. Sie fand am 16. Februar 1849, vier Jahre nach der Dresdner Premiere, statt. Das Publikum nahm sie günstig auf, doch für die Presse war die Oper ein Fiasko.

Liszt wurde mit Lob überhäuft. Er wiederholte die Aufführung mehrmals, und bei der dritten Vorstellung war Wagner persönlich anwesend. Wagner war entzückt über die Wiedergabe des *Tannhäuser*. Er umarmte Liszt hinter der Bühne, und Tränen liefen ihm die Wangen herunter, als er sagte: 'Mein liefer Franz, du ahnst nicht, was dieser Abend für mich bedeutet.'

Etwa ein Jahr später las Liszt uns einen Brief vor, den er soeben von Wagner aus Paris erhalten hatte und der folgendermaßen begann: 'Lieber Franz, führe meinen *Lohengrin* auf. Du bist der einzige, an den ich diese Aufforderung richte.'

Am folgenden Tag wurde das gesamte Solo-Personal der Oper zum Palast bestellt, wo Liszt in Anwesenheit der Großherzogin den musikalischen Teil des *Lohengrin* vorspielte.

Nachdem er Wagners Brief überreicht hatte, fragte er: 'Nun, Königliche Hoheit, was meinen Sie? Wir erbitten Ihre Entscheidung.'

Ohne einen Augenblick zu zögern, antwortete sie: 'Wir werden diese Oper auf alle Fälle herausbringen. Ich meine, Politik und Kunst sollten streng auseinandergehalten werden. Dieser *Lohengrin* ist das Werk eines großen Genies; es ist in vieler Hinsicht etwas wunderbar Neues und sollte ohne Rücksicht auf die politischen Neigungen des Komponisten aufgeführt werden. Es wird bestimmt Musikgeschichte machen, und ich bin überzeugt, Weimar wird eines Tages stolz darauf sein, es als erstes Theater aufgeführt zu haben. Sie können alle auf meine moralische, geistige und finanzielle Unterstützung rechnen.'

Nach dieser Erklärung sagte Liszt zu uns Sängern: 'Damit wäre die Frage erledigt. Ich werde Ihre Rollen für Sie abschreiben lassen, und sobald Sie sie gelernt haben, werden wir mit den Proben beginnen.'

Wir konnten unsere Rollen bald, und die Proben nahmen ihren Anfang."

Nach einer kurzen Pause fügte Frau von Milde hinzu: "Die Großherzogin wohnte fast allen Proben des *Lohengrin* bei, und sie hat Liszt und uns Mitwirkenden viele wertvolle Vorschläge gemacht. Ihre Begeisterung für die Oper war ansteckend und hat uns alle belebt und beseelt. Auch hat sie sich sehr für die Ausstattung interessiert und viele Ausgaben für die neuen Dekorationen aus eigener Tasche bestritten; denn der großherzogliche Zuschuß reichte nicht aus. Maria Pavlovna hatte den 28. August für die Uraufführung bestimmt, weil das Goethes Geburtstag war."

"Sie können sich nicht vorstellen", sagte Herr von Milde, "wie aufgeregt wir Sänger waren, als der Vorhang sich zum ersten Akt hob. Die Oper hatte einen großen Erfolg. Liszt hatte seine musikalischen und literarischen Freunde aus allen Teilen Europas eingeladen. Es war nicht nur ein brillantes, sondern ein internationales Publikum.

Donnernder und langanhaltender Beifall brandete uns entgegen, als der Vorhang nach dem letzten Akt fiel. Hochrufe ertönten, Reden wurden gehalten, und wir alle spürten: Dies war ein einmaliges Ereignis in der Musikgeschichte."

Hier unterbrach Frau von Milde ihren Gatten und sagte: "Ja, die Maria Pavlova war die eigentlich treibende Kraft in dieser ganzen Bestrebung, und wie herrlich es ihr gelungen ist, weiß alle Welt. Ich war bei ihrer Beerdigung in Weimar im Jahre 1859. Liszt hatte an ihrem Sarg eine Rede gehalten, und er sagte unter anderem: 'Wir begraben hier einen reichen Schatz; Maria Pavlovna war eine Frau unter Millionen. Weimar wird ihresgleichen nie wieder sehen.'"

Herr von Milde fügte hinzu: "Erst sechsundzwanzig Jahre später, nach der ersten Aufführung des *Rings* in Bayreuth, im Jahre 1876, begriffen meine Frau und ich, was diese *Lohengrin*-Aufführung bedeutet hatte. Wir hörten, wie Wagner mit Tränen in den Augen und mit zitternder Stimme zu Liszt sagte: 'Lieber Franz, ich habe dir für dies alles zu danken. Nach den Mißerfolgen von dem *Fliegenden Holländer* und dem *Tannhäuser* war ich dermaßen niedergeschlagen, daß ich bereit war, alles aufzugeben; und dann kam noch dazu diese Verfolgung und Verbannung aus meinem geliebten Deutschland. Ich war gebrochen. Der Erfolg von *Lohengrin* hat mich neu belebt und mir den Mut gegeben, weiterzuarbeiten an meinen Reformplänen und das Musikdrama zu schaffen, wie du es heute abend gesehen.'"

Herr von Milde las dies von einem alten, vergilbten Blatt Papier, das er aus einem Notizbuch hervorholte, und sagte: "Ich erkannte, daß dies eine Erklärung von historischer Bedeutung war, und schrieb sie sofort auf; hier haben wir den genauen Wortlaut, wie der berühmte Komponist Liszt sein Herz ausschüttete. Meine Frau und auch ich, wir sind heute noch sehr dankbar, daß wir bei dieser so bedeutungsvollen Uraufführung von *Lohengrin* mitwirken konnten."

Das Programm jenes großen Ereignisses und die Photographie der Großherzogin Maria Pavlovna werden in diesem Buch veröffentlicht. Diese bemerkenswerte Frau verdient einen Platz ganz für sich in den Annalen der Musik.

Da sie den Machthabern trotzte, die Wagner umgebracht hätten, wenn sie ihn gefaßt hätten, ermöglichte sie jene historische Premiere und wurde zum mächtigsten Faktor am Wendepunkt der Laufbahn Richard Wagners.

Der Großherzog verlieh später Herrn Rudolph von Milde den Adelstitel in Anerkennung seiner ausgezeichneten Verdienste um die Sache der Musik.

Am Tag nach der *Lohengrin*-Aufführung berichtete mir Strauss wieder über die Vorgänge der Eingebung beim Komponieren.

"Auf das Programm der ersten Symphonie-Konzertsaison werde ich *Don Juan* besonders für Sie und auch für Lassen, der das Werk verabscheut, setzen. Es wird Ihnen eine Freude sein zu sehen, wie er sich bei meinen kühnen Phantasieflügen windet. Meine anderen symphonischen Dichtungen, *Macbeth* und *Aus Italien*, die früher entstanden, sind nicht so revolutionär. In ihnen folgte ich den Fußstapfen Brahms´. Alexander Ritter öffnete mir die Augen und wies den Weg, den ich jetzt gehe. Er war mein guter Engel. Sein Einfluß auf mich war umwälzend. Er legte mir dar, wie hoffnungslos mein Fall würde, wenn ich weiterhin Werke wie meine frühen d-Moll- und f-Moll-Symphonien schriebe.

'Brahms hat das schon alles gemacht', sagte er, 'weit besser, als Sie es je erhoffen können. Ihre Zukunft liegt in der symphonischen Dichtung, in der Musik als Ausdruck, wie sie bei Berlioz, Liszt und Wagner verkörpert ist. Es ist die Musik der Zukunft und die Linie, die Sie einhalten sollten. In dieser Richtung liegt Ihre große Zukunft.'

Ich folgte dem Rat Ritters, und meine erste symphonische Dichtung *Aus Italien*, 1886, ist das Bindeglied zwischen meinem alten und dem neuen Stil. Ich fahre in dieser Richtung fort und hoffe, noch größere Werke als *Don Juan* und *Tod und Verklärung* zu schaffen. Übrigens wurde der Begleittext zu diesem Werk, das den Todeskampf des Helden und die triumphierende Öffnung der Himmelstore schildert, wo seine vereitelten irdischen Träume schließlich erfüllt werden, von Ritter verfaßt. Das ist auch mein Credo."

Strauss und die Frage der Unsterblichkeit

"Dann glauben Sie also an die Unsterblichkeit?" fragte ich.

"Gewiß", antwortete Strauss, "und ich bin überzeugt, es steckt sehr viel Wahrheit in der Auffassung Alexander Ritters. Swedenborg, den ich gelegentlich unserer ersten Begegnung erwähnte, behauptete, er könne tatsächlich in den Himmel blicken und habe ihn als eine verklärte Erde gesehen, wo wir unser hier begonnenes Werk weiterführen und vervollkommnen. Ich glaube das. Zuerst dachte ich, Swedenborg sei krank, aber dann, nachdem ich gelesen hatte, was der große Kant über ihn schrieb, kam ich zu dem Schluß, daß er einer der bemerkenswertesten Menschen gewesen sein muß, die jemals lebten. Kant war nicht nur einer der größten Philosophen, sondern auch ein Mensch von äußerst praktischer Geistesart. Er war Zeitgenosse des großen schwedischen Mystikers und erforschte ihn gründlich. Der Schwede gab einen genauen Bericht über den Brand in Stockholm; desgleichen von Göteborg an der Westküste Schwedens, über 300 km von Stockholm entfernt. Dies war natürlich nur durch die Vision des allmächtigen Geistes möglich, der, wie Jesus lehrte, tief verborgen in uns allen ruht und unseren leiblichen Tod überdauert. Ein Mensch, der sehen konnte, was 300 km weiter vor sich geht, muß auch in den Himmel blicken können. Kant berichtet noch von weiteren Leistungen Swedenborgs, die nicht weniger ungewöhnlich waren als diese. Alexander Ritter lenkte meine Aufmerksamkeit auf die Abhandlung Kants.

Viele sehr intelligente Schriftsteller nehmen Swedenborg nicht ernst. Ihr eigener amerikanischer Philosoph Ralph Waldo Emerson, dessen Artikel über Swedenborg ich aus *Representative Men* kenne, zählt zu ihnen. Emerson schreibt, der berühmte Schwede leide an Halluzinationen des Unterbewußtseins; ich behaupte es auch auf Grund seines Buches *Himmel und Hölle*, worin er über lange Gespräche mit den Engeln berichtet, die sich über 13 Jahre erstreckten.

Ich weiß aus meinen eigenen Erfahrungen beim Komponieren, daß diese Heimsuchungen plötzlich und flüchtig auftreten. Ich glaube nicht, daß Swedenborg solche lang andauernden Erleuchtungen erlebte, aber ich bin überzeugt, daß seine kurzen Blicke in den Himmel Tatsachen waren, trotz Emerson. Kant beweist außerdem, daß Swedenborgs Beschreibungen jenes Brandes in Stockholm in jeder Einzelheit mit den Berichten zahlreicher Augenzeugen übereinstimmten, die mehrere Tage später alles bestätigten, was Swedenborg gesehen hatte. Wenn Kant Swedenborgs übernatürliche Kräfte nicht so gründlich erforscht hätte, hätte ich dessen Beschreibung des Himmels niemals geglaubt. Kant war nicht nur einer der größten Philosophen, sondern auch ein Mensch mit scharfem Forschergeist und bei seinen Untersuchungen sehr geduldig. Er war einer der sehr wenigen Großen der Geschichte, die den Kopf in den Wolken hatten, aber mit den Füßen fest auf der Erde standen."

Strauss holte aus seinem Album ein Bild, wobei er sagte: "Ich überreiche Ihnen dieses sehr seltene Bild, das mich mit Alexander Ritter zeigt und das Ihre Leser interessieren wird. Hier können Sie sehen, wie der Mann ausschaute, dem ich mehr verdanke als irgendeinem anderen lebenden oder toten Menschen. Der Rat Ritters bedeutete den Wendepunkt in meinem Leben. Veröffentlichen Sie dieses Bild - oder was ich Ihnen über meine inspiratorischen Erlebnisse erzählt habe - erst nach 20 Jahren oder, nachdem ich mich selbst gefunden habe. Ich suche noch tastend meinen Weg."

Strauss als Dirigent und Komponist

Beim ersten Symphoniekonzert Anfang Oktober dirigierte Strauss seinen *Don Juan*, die *Fünfte* von Beethoven, die er als die größte aller Symphonien ansah, und die *Romeo-und-Juliet-Suite* von Berlioz. Ich saß neben Lassen in seiner Loge, und zu meiner großen Überraschung spendete er kräftig Beifall und rief nach der glänzenden *Don-Juan*-Aufführung; "Bravo! Bravo!"

Nach dem, was Strauss mir über seinen Haß auf die moderne Musik gesagt hatte, erwartete ich heftige Ausbrüche seines Unwillens und sogar Zischen, so daß ich zu ihm sagte:

"Herr Kapellmeister, ich bin erstaunt, daß Sie *Don Juan* so begeisterten Beifall spenden; ich stand unter dem Eindruck, Sie verabscheuten das Werk."

"Das tue ich auch", antwortete er. "Mein Beifall gilt nicht dem *Don Juan*, sondern Strauss. Er ist ein großer Dirigent, erst 26, und ich 60; ich dirigiere das Weimarer Orchester seit 29 Jahren, und Strauss ist erst seit einem Jahr hier; aber er erzielt größere Wirkungen, die ich nicht erreichen konnte. Strauss ist ein Genie, ich aber nur ein Talent."

Strauss pflegte auf dem Feld hinter der alten Windmühle spazierenzugehen, wobei er mich oft mitnahm. Dabei sagte er einmal zu mir: "Oft kommen mir die Gedanken, während ich hier spazierengehe. Ich notiere sie mir sofort, denn mein Skizzenbuch begleitet mich immer. Es ist äußerst wichtig, die Gedanken sofort festzuhalten, damit sie sich nicht verflüchtigen. Ich schlage dann öfters in diesen Aufzeichnungen nach, was mich in dieselbe Geistesverfassung versetzt, die die Ideen gebar; so entwickeln und weiten sie sich. Ich glaube fest an das Keimen der Idee. Ich freue mich, daß Sie an höheren ästhetischen und kulturellen Werten interessiert sind, denn sie gehören zur Inspiration."

"Und wie geschieht die Inspiration? Wie verläuft der Vorgang? Sind Sie sich des Umstandes bewußt, daß es sich dabei um eine Emanation einer höheren Quelle handelt?"

"Ja, ganz bestimmt. Ich weiß, daß die Fähigkeit, solche Ideen in mein Bewußtsein aufzunehmen, ein göttliches Geschenk ist. Es ist ein Auftrag von Gott, eine mir anvertraute Aufgabe, und ich spüre, daß es meine höchste Pflicht ist, das Beste daraus zu machen - sie sich entwickeln und sich weiten zu lassen. Ich fühle, ich stehe erst an der Schwelle meiner Laufbahn; ich glaube mich zu weit größeren Leistungen als den bisherigen bestimmt."

"In welcher Weise werden sich die Ideen weiten und entwickeln? Haben Sie bestimmte Pläne für die Zukunft geschmiedet?"

"Gewiß. Ich fühle den Drang in mir, Opern sowohl wie symphonische Dichtungen zu schreiben."

"Wie weit reicht eigentlich die Musik als Ausdruck, wie Sie es nennen, um abstrakte Gedanken auszudrücken? Es gibt doch Grenzen für das, was man in Tönen ausdrücken kann."

"Ich mache keinen Unterschied zwischen Programm-Musik und abstrakter Musik. Für mich gibt es nur zwei Arten - gute und schlechte; Musik, die am meisten ausdrückt, ist für mich die beste. Wagners *Ring* ist ein hervorragendes Beispiel für Musik als Ausdruck. Ich beschäftige mich jetzt hauptsächlich damit, die musikalischen Formen zu finden, die es mir am besten ermöglichen, alle in mir aufgespeicherten, in mir gärenden Gefühle auszudrücken."

Strauss komponierte damals zahlreiche Lieder und die Musik zu *Enoch Arden*, einem Gedicht Tennysons. Ich hörte ihn den Klavierpart dieses Werkes fünfmal mit Ernst von Possart spielen, der das Gedicht in einer ausgezeichneten deutschen Übersetzung großartig vortrug.

Nach einem Aufenthalt in Ägypten, wohin sich Strauss im Jahre 1892 aus Gesundheitsgründen begeben hatte, begann die erste Arbeit an seiner ersten Oper *Guntram*, und ich war begeistert, wie die Partitur von Woche zu Woche wuchs. Wenn Strauss komponierte, war er unzugänglich, doch spielte er mir, Zeller und Pauline de Ahne gelegentlich Auszüge daraus vor.

Die Symphoniekonzerte, für die die berühmtesten Solisten verpflichtet wurden, bereiteten mir unendliche Freude. Bei einer dieser Veranstaltungen im Jahre 1892 spielten Strauss und Lassen Mozarts *Konzert für zwei Klaviere in Es-Dur* mit Karl Halir als Dirigent. Strauss war ein Pianist von Rang. Er war über den sensationellen Erfolg Paderewskis in Amerika erstaunt.

"Ich spielte einen ganzen Winter lang mit ihm Konzerte für zwei Klaviere und hätte mir nie träumen lassen, daß er so viel Furore machen würde. Ich halte d´Albert, Rosenthal und Emil Sauer für weit größere Pianisten. Paderewski ist jedoch eine faszinierende Persönlichkeit, und sein wundersamer Kopf spielt zweifellos eine große Rolle bei den amerikanischen Frauen."

Bei einem der vielen Spaziergänge mit Strauss fragte ich ihn, ob die äußere Umgebung seine Arbeit beeinflusse.

"Ganz entschieden", antwortete er. "Im Frühling, besonders im Mai, wenn die Apfelbäume blühen, die Sonne scheint und die Vögel singen, bin ich am leistungsfähigsten; aber die Ideen kommen jederzeit und fast in jeder Lage."

Jene glücklichen Jahre gingen schnell dahin. Ich besuchte fast jeden Abend das Theater, freute mich an den Dramen, die jeden zweiten Abend aufgeführt wurden, ebenso sehr wie an den Opern und Symphoniekonzerten. Meine Eindrücke von Bayreuth im Juli 1892 sind unvergeßlich. Hermann Levi dirigierte *Tannhäuser* und *Parsifal*. Das hundert Mann starke Orchester rekrutierte sich aus allen Teilen Deutschlands, und die Rollen waren hervorragend besetzt. Ich war von meiner Begegnung mit Cosima Wagner und Siegfried begeistert. Im Mai 1894 wurde die erste Strauss-Oper *Guntram* mit Zeller in der Titelrolle und Pauline de Ahne als Freihilde aufgeführt. In Nachahmung Wagners schrieb Strauss sein eigenes Libretto. Er galt bereits als bedeutende Persönlichkeit in der musikalischen Welt, und unter den Größen, die bei der Aufführung anwesend waren, befanden sich Gustav Mahler aus Hamburg, Engelbert Humperdinck aus Berlin und Eugen d´Albert aus Dresden.
Die Musik zu *Guntram* ließ viele Hinweise auf den späteren Strauss erkennen; die Orchestrierung war prächtig, der harmonische Ausdruck kühn und die instrumentale Färbung glänzend. Der junge Adler zeigte seine Opernkrallen. Das Libretto ließ aber viel zu wünschen übrig; die Handlung schleppte sich hin, und die Gesangspartien waren fast nicht zu singen. Der Einfluß Wagners war unverkennbar in der Verwendung des Sprechgesangs und des Leitmotivs.

Im Jahre 1894 wählte der große Impresario Hermann Wolff Richard Strauss als Nachfolger von Hans von Bülow, dem Dirigenten der Berliner Philharmonischen Konzerte. Dies war eine große Ehre, aber Strauss behielt diesen Posten nur eine Saison. 1898 wurde ihm die Stelle des ersten Dirigenten der Königlichen Oper angeboten. Während der zehn Jahre, in denen er in dieser Eigenschaft amtierte, komponierte er seine zweite und dritte Oper, *Feuersnot* und *Salome*, die symphonische Dichtung *Taillefer* und viele Lieder. Seine Frau interpretierte diese, und Strauss persönlich begleitete sie am Flügel.

Ich sah ihn in jener Zeit sehr häufig und war fasziniert, wie seine Werke wuchsen. Beim Komponieren war er unnahbar; aber zwischen seinen seelischen Ergüssen ließ er oft Wilhelm Klatte, Paul Ertel und mich in sein Allerheiligstes ein und spielte uns etwas aus seiner Komposition vor. Klatte war mit Strauss eng befreundet; er schrieb den Text zu den lustigen Streichen *Till Eulenspiegels*, nachdem Strauss den musikalischen Teil beendet hatte. Klatte und Ertel waren die beiden führenden Musikkritiker des Berliner Lokal-Anzeigers.

Die Sensation, die *Salome* hervorrief, erschütterte das ganze musikalische Europa ebenso wie New York. Über des Verbot der Metropolitan meinte Strauss: "Welch engherzige und bigottische Einstellung! Ich versichere Ihnen, die Oper wird später einmal wieder aufgenommen. Ich halte *Salome* für meine bisher bedeutendste Musik und sage voraus, daß der *Tanz der sieben Schleier* eines Tages eine beliebte Konzertnummer sein wird."

In späteren Jahren dachte ich oft an diese Prophezeiung, besonders nachdem ich die glänzende, farbige Interpretation Sir Thomas Beechams gehört hatte.

Salome ist im wesentlichen eine symphonische Dichtung mit Bühnendekoration und Gesangbegleitung.

Nachdem Strauss die Stadt Weimar im Jahre 1895 verlassen hatte, floß ihm ein reißender Strom großer symphonischer Dichtungen aus der weißglühenden Feder - *Zarathustra, Till Eulenspiegel, Don Quichotte, Heldenleben, Symphonia Domestica, Alpen-Symphonie, Taillefer*. Diese sieben Wunder der Strauss´schen Muse mit ihrer glänzenden, einmaligen Instrumentierung und kühnen Harmonie machten ganz Europa neugierig. Ich besuchte die Erstaufführung aller genannten Werke.

Nach der *Elektra*-Premiere in Dresden unter der Leitung von Ernst von Schuch am 25. Januar 1909 sagte Strauss zu mir: "Sie kennen mich seit 19 Jahren, und meine Begeisterung für die Musik als Ausdruck ist Ihnen nicht unbekannt, aber es gibt eine Grenze, die ich mit der *Elektra* erreicht haben dürfte. Wenn ich bei dem Versuch, die Menschen zu rühren, noch weiterginge, müßte ich dem Orchester und der Stimme Gewalt antun, was keine Musik mehr wäre. Meine nächste Oper wird in viel einfacherem Stil gehalten sein."

Strauss meinte, was er sagte, und im *Rosenkavalier* wandte er sich einer fast Mozart ähnlichen Einfachheit in der melodischen Erfindung, Volksliedern und Walzern in echt Wiener Stil zu.

Die Premiere des "Rosenkavalier" in Dresden 1911

Am 26. Januar 1911 fand in der Dresdner Königlichen Oper unter Ernst von Schuch die Erstaufführung des *Rosenkavalier* statt. Es war die größte Sensation einer Opernpremiere, die ich je erlebt habe. Hervorragende Musikkenner strömten aus allen Teilen Europas herbei. Ich berichtete der "Associated Press" telegraphisch, die damals etwa 1300 amerikanische Tageszeitungen unter der Leitung von Melville Stone vertrat. William C. Dreher und S. B. Conger waren die Berliner Korrespondenten für allgemeine Nachrichten, während ich als Musikkorrespondent berichtete. Ich hatte auch den Auftrag, die "United Press of Great Britain" zu informieren.

Meine eingehende Kritik (sechs Spalten) für den "Musical Courier" erschien in der Ausgabe vom 15. Februar 1911. Ich brachte nicht weniger als 26 Beispiele aus der Musik, alle größeren Melodien, Themen und Motive, dazu zwei Photographien der prächtigen Bühnenausstattung. Unter anderem schrieb ich:

"Ein weiteres, sehr erfreuliches Merkmal des *Rosenkavalier* ist die Rückkehr zum Gesangsensemble; der schönste Einzelteil des gesamten Werkes ist das Trio für Frauenstimmen im letzten Akt."

Die führenden europäischen Kritiker beurteilten dieses Trio als das entzückendste Vokal-Ensemble seit dem Quintett der *Meistersinger*.

Strauss stand auf dem Höhepunkt seiner Laufbahn. Er war zu Ruhm und Ansehen gelangt und wurde mit Ehren überhäuft. Dennoch blieb ihm die Zeit in Weimar eine liebe Erinnerung seines Lebens.

Noch 21 Jahre später kam er in der Widmung einer Photographie, die er mir im Jahre 1930 von seinem Heim in Garmisch übersandte, darauf zurück:

"Herrn Arthur M. Abell zur freundlichen Erinnerung an schöne Tage der Jugend."

Zu meiner großen Freude fügte er der Widmung das bekannte Motiv aus dem *Till Eulenspiegel* hinzu, der heute zu seinen beliebtesten symphonischen Dichtungen gehört.

Dieses seltene Strauss-Photo wird jetzt zum ersten Mal veröffentlicht.

Äußerungen, die Strauss am Tage nach der Premiere des *Rosenkavalier* machte, sind von besonderem Interesse. Unter anderem sagte er:

"Die Leser Ihres Buches über Inspiration und Genius werden sich zweifellos für zwei völlig verschiedene Aspekte interessieren, die ich bei der Arbeit an der *Elektra* und am *Rosenkavalier* erlebte. Zwei so gänzlich verschiedene Libretti weckten in mir grenzenlose Verwunderung über die Universalität der Inspiration in uns und über ihr Wirken. Diese Begeisterung scheint in ihrer Eigenschaft, jeden zu inspirieren, der den wahren Schaffensdrang spürt, keine Grenzen zu kennen."

Ich bat um einige diesbezügliche Einzelheiten für mein Buch, worauf Strauss fortfuhr:

"Während die Ideen auf mich einströmten - die Motive, Themen, Grundmelodien, das harmonische Gewand, die Instrumentation, kurz die gesamte Musik, Takt für Takt-, war mir, als diktierten mir zwei gänzlich verschiedene allmächtige Wesenheiten. Ich stelle mir vor, daß Shakespeare Ähnliches erlebte, als er zwei so gänzlich verschiedenartige Werke wie *König Richard III.* und den *Sommernachtstraum* schrieb. Die Empfänglichkeit für die Aufnahme von solch grundverschiedenen Eingebungen erfüllte mich mit Staunen."

Strauss war damals 47 Jahre alt und auf dem Zenit seiner schöpferischen Kraft angelangt. Ich erkannte die Bedeutung dieser Erklärung eines schöpferischen Genies von solchem Format und schrieb sie umgehend auf.

Strauss war über den außergewöhnlichen Erfolg des *Rosenkavalier* freudig erregt und in mitteilsamer Stimmung. So setzte ich ihm mit weiteren Fragen zu:

"Hat Sie das Bewußtsein der Eingebung auf zwei so entgegengesetzte Weisen zu einer klaren Vorstellung über die Natur Ihrer Inspiration geführt, und wie kann sie für Ihre Wünsche empfänglich gemacht werden?"

"Ich habe heute einen viel klareren Begriff gewonnen, wie man mit jenen Kräften in Verbindung tritt, als im Jahre 1890, wo wir uns zum ersten Mal trafen; doch ist dieses Wissen so unbestimmt, unbegrenzt, dunkel, durstig, daß es schwierig ist, Ihnen das Verfahren während der Arbeit an den beiden Opern zu erklären. Ich war mir jedoch der Hilfe einer anderen als einer irdischen Kraft bewußt, die auf meine bestimmten Vorstellungen einging. Der feste Glaube an diese Kraft muß der Fähigkeit, aus ihr zweckvoll und klug zu schöpfen, vorausgehen. So viel weiß ich bestimmt."

"Wie würden Sie diese Kraft genau erläutern?"

"Ich bin in meiner Entwicklung nicht so weit gediehen, um mich zu erdreisten, eine kosmische Kraft zu erläutern, aber ich weiß, daß ich sie mir bis zu einem gewissen Grade dienlich machen kann, was schließlich das Hauptanliegen von uns Sterblichen hier auf dieser Welt ist. Ich kann Ihnen aber aus meiner eigenen Erfahrung sagen, daß ein brennendes Verlangen und ein bestimmter Zweck in Verbindung mit einer starken Entschlußkraft Ergebnisse bringen. Konzentriertes Denken stellt eine ungeheure Kraft dar, und die göttliche Macht reagiert darauf. Ich bin überzeugt, dies ist ein Gesetz und gilt auf allen Gebieten menschlichen Bemühens."

"Wie viele Komponisten stehen Ihrer Meinung nach heute mit dieser Kraft in Berührung, das heißt, wieviel Prozent von ihnen sind inspiriert?"

"Weniger als fünf Prozent; 95 Prozent der gegenwärtigen musikalischen Produktion sind reine Gehirnarbeit und folglich nur von kurzer Dauer. In gewisser Weise ist unsere heutige Zivilisation fortgeschrittener als zur Zeit Mozarts, aber in anderer Beziehung viel weniger.

Wir besitzen größere Kenntnisse über die wissenschaftlichen Gesetze als vor 150 Jahren, und doch verfügte Mozart über eine bessere Fähigkeit, aus der Inspiration zu schöpfen, als irgendein anderer Komponist unserer Tage. Ich betrachte ihn als den am höchsten inspirierten Komponisten, Bach und Beethoven nicht ausgenommen. Mit Mozart verglichen, komme ich mir sehr unbedeutend vor. Zwar besaßen Beethoven, Wagner und Brahms größeres handwerkliches Können, aber keiner von ihnen weist Mozarts leichten, spontanen, unerschöpflichen Melodienstrom auf. Außerdem war er ein Meister der Form. *Don Juan* und die *Hochzeit des Figaro* sind vollkommene Muster einer Oper. Nach Mozart halte ich Chopin für den inspiriertesten Komponisten. Auch er baute seine Werke bewundernswert geschickt auf."

Die Stuttgarter Premiere der "Ariadne"

Die nächste Strauss-Oper, *Ariadne auf Naxos*, fiel gegenüber früheren Werken ab. Hier wurde der Versuch gewagt, Molières Kunstspiel *Der Bürger als Edelmann* mit der eigentlichen Oper zu verbinden; aber Strauss fand diesen Weg ungangbar und verwarf Molière.

Von Hofmannsthal, der Verfasser des Librettos, schrieb dann einen neuen Prolog, während die Musik praktisch unverändert blieb. Das besondere Merkmal der *Ariadne* war die ungeheuer schwierige Arie der Zerbinetta, der erste Versuch von Strauss, für einen Koloratursopran zu schreiben. Er erzählte mir, er habe diesen Part für Frieda Hempel verfaßt und gehofft, sie würde die Rolle bei der Stuttgarter Premiere am 25. Oktober 1912 singen, aber sie war indisponiert und trat nicht auf.

Diese Zerbinetta-Arie ist äußerst schwierig, aber undankbar. In dieser Hinsicht konnte Strauss nicht mit Bellini, Donizetti, Rossini oder Verdi wetteifern. Das Orchester der Stuttgarter Aufführung war einmalig; die Streichinstrumente waren alte italienische Meisterstücke - Stradivari, Guaneri, Amati, Bergonzi, Guadagnini usw. Strauss dirigierte persönlich, und die Schönheit des Tones, die er aus diesem Klangkörper erstehen ließ, bleibt unvergeßlich. Diese alten Instrumente waren Leihgaben des Geigenhändlers Hamma aus Stuttgart und anderer Personen, die eine alte italienische Violine, Viola, ein Cello oder einen Kontrabaß besaßen. Äußerlich war die Stuttgarter Premiere ein glänzendes, internationales Ereignis.

Das Haus war ausverkauft. Logenplätze kosteten 50 Mark, und die Zuhörer kamen nicht nur aus allen Teilen Europas, sondern auch aus Amerika. Ich begegnete hier dem Direktor des Aufsichtsrates der Metropolitan-Oper, Otto Kahn, sowie Sir Edgar und Lady Speyer aus New York. Die *Ariadne* wurde an der Metropolitan nie gespielt; ein einziges Mal hörte ich sie in der Julliard-Musikschule in Amerika. Ernest Hutcheson, der damalige Leiter dieses Institutes, brachte sie in ihrer dritten und endgültigen Fassung heraus. Er hatte Strauss in Weimar kennengelernt, wo er im Jahre 1893 bei Bernard Stavenhagen, Liszts letztem Schüler, Musik studierte.

RICHARD STRAUSS
GARMISCH

25.2.41

Lieber Herr Abell!

Ich danke Ihnen für Ihren freundlichen Brief und die guten Nachrichten aus U.S.A.

Bitte übertragen Sie auch meine wärmsten Dankesgrüße an Herrn Kussewitzky, Barbirolli und meinem alten Freunde Fr. Stock, an dessen Conzerte in Chicago ich mich noch immer gerne erinnere. Im Musical Courier lese ich stets über das amerikanische Musikleben. Mir geht es gut, habe eine Oper in Partitur, eine zweite in Klavierskizze fertig u. erfreue mich des öfteren an Musteraufführungen meiner Opern (unlängst Egyptische Helena, Frau ohne Schatten, Arabella) unter Clemens Krauss in München. Zuletzt habe 6 Brentanolieder op. 68 instrumentiert. Dieselben sind soeben bei Fürstner (Berlin) erschienen.

Frau Rose Pauly hat mir auch von ihren Erfolgen mit Salome und Elektra berichtet.

Bitte grüßen Sie auch H. H. Wetzler und seien Sie freundlichst bedankt u. begrüßt von

Ihrem ergebenen

Richard Strauss

Ein Brief von Richard Strauss an Arthur M. Abell vom 25. Februar 1941 aus Garmisch.

Die letzten Jahre von Richard Strauss

Nach der Stuttgarter Premiere sah ich Strauss erst wieder während seiner letzten Amerika-Tour im Jahre 1922. Ich stand jedoch mit ihm in brieflicher Verbindung bis kurz vor seinem Tod. Ich füge hier einen seiner letzten Briefe aus Garmisch vom 25. Februar 1941 an, worin er von seiner Tätigkeit berichtete. Er ist von besonderem Interesse, weil er ganz in seiner charakteristischen Handschrift geschrieben ist. Er war bisher unveröffentlicht.

Garmisch, den 25. Februar

1941

Lieber Herr Abell!

Ich danke Ihnen für Ihren freundlichen Brief und die guten Nachrichten aus U.S.A.

Bitte überbringen Sie auch meine wärmsten Dankesgrüße den Herrn Kussewitzky, Barbirolli und meinem alten Freunde Fr. Stock, an dessen Conzerte in Chicago ich mich noch immer gerne erinnere. Im Musical Courier lese ich stets über das amerikanische Musikleben. Mir geht es gut, habe eine Oper in Partitur, eine zweite in Klavierskizze fertig u. erfreue mich des öfteren an Musteraufführungen meiner Opern (unlängst Egyptische Helena, Frau ohne Schatten - Arabella) unter Clemens Krauhs in München.

Zuletzt habe 6 Brentanolieder op. 68 instrumentiert, dieselben sind soeben bei Fuerstner (Berlin) erschienen. Frau Rose Pauly hat mir auch von ihren Erfolgen mit Salome und Elektra berichtet.

Bitte grühsen Sie auch H.H. Wetzler und seien Sie freundlichst bedankt u. begrühst von

Ihrem ergebenen

Dr. Richard Strauss

H. H. Wetzler war für die erste Amerika-Reise von Richard Strauss 1903-1904 verantwortlich, die Aufführung der *Symphonia Domestica* fand in der Carnegie Hall unter persönlicher Leitung von Strauss statt.

Die allerletzte Mitteilung, die Strauss aus Amerika erhielt, war ein gemeinsamer Brief von Anne Roselle und mir vom Minnewaska-See in der Nähe der Katskill-Berge, wo wir unseren Sommerurlaub verbrachten. Mme. Roselle, früher an der Metropolitan-Oper, war Strauss persönlich bekannt; er hatte mit ihr verschiedene Rollen in seinem Garmischer Heim einstudiert. Der Brief wurde Ende August 1949 geschrieben und erreichte ihn kurz vor seinem Tod.

Als der berühmte Mann am 8. September 1949 verschied, erschienen lange Nachrufe und Leitartikel in allen führenden amerikanischen Zeitungen. Hier ein kurzer Auszug aus einem Leitartikel der "New York Times":

"Der Tod von Richard Strauss trennt uns von unserem bedeutendsten künstlerischen Bindeglied mit der Vergangenheit. In seiner langen Laufbahn verkörperte er in ungewöhnlicher Weise die Entwicklung und den Übergang im musikalischen Denken der westlichen Welt. Er steht gegenwärtig auf dem Höhepunkt der Beliebtheit. Die Aufführung der *Salome* unter der einfühlenden Stabführung Fritz Reiners war der Glanzpunkt der diesjährigen Saison an der Metropolitan-Oper. Wir stehen in Ehrfurcht vor der Weite dieses Genies, aber angesichts seiner Herzenswärme, seines sprühenden Humors, seiner lustigen 'Zitate' und seines Instinkts für das Reiche stehen wir nicht beschämt da. Wir kennen ihn nicht nur als den Titanen, sondern als den Freund. Seine Millionen von Freunden in der ganzen Welt, die er nicht kannte und nicht kennen konnte, betrauern seinen Tod, schöpfen aber Trost aus der Tatsache, daß sein Geist noch lebt."

Lebe wohl denn, Richard Strauss. Ich bis stolz, über einen Zeitraum von 59 Jahren, von 1890 bis 1949, dein Freund gewesen zu sein.

Maria Pavlovna, Großherzogin von Weimar,
am 28. August 1850.

Das Großherzogliche Opernhaus in Weimar, wo die Welt-Uraufführung von "Lohengrin" im Jahre 1850 stattfand.

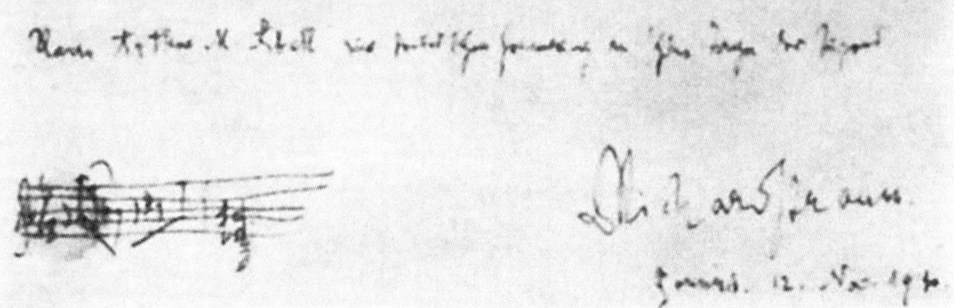

Richard Strauss im Jahre 1930.
Die handschriftliche Widmung lautet: Herrn Arthur M. Abell zur freundlichen Erinnerung an schöne Tage der Jugend.
Garmisch, 12. Nov. 1930 Dr. Richard Strauss

Johannes Brahms

Brahms spricht über das Geheimnis seines Schaffens

Eines Abends saßen Johannes Brahms, Joseph Joachim und ich im Arbeitszimmer des Wiener Heims des berühmten Komponisten und sprachen über die Inspirationsquelle großer schöpferischer Geister. Es war im Spätherbst 1896, und die Begegnung war von dem berühmten Violinisten Joseph Joachim als eine besondere Gunstbezeugung für mich vereinbart worden, da er so großes Interesse an meinem Plan zeigte, ein Buch über Genius und Inspiration zu schreiben.

Verzaubert saß ich da und hörte zu, denn das Thema hatte mich schon immer fasziniert, und der Rahmen war so ideal, da die Unterhaltung im gleichen Zimmer vor sich ging, das die Geburt vieler unsterblicher Werke von Brahms erlebt hatte. Ohne Joachims tätige Mitarbeit wäre es mir nie gelungen, Brahms zu überreden, das Geheimnis preiszugeben, wie er beim Komponieren zu Werke ging, bewegt von den Seelenkräften in ihm und vom Geist des Allmächtigen selbst erleuchtet.

Bei wiederholten, aber fruchtlosen Bemühungen, ihn darüber auszufragen, hatte ich herausgefunden, daß ihm dieses ein heiliges Thema war, worüber er nur mit größtem Widerstreben sprechen wollte. Tatsächlich sagte Brahms gleich zu Beginn der Unterhaltung an jenem Abend, zu Joachim gewandt:

"Joseph, ich erinnere mich gut, daß du und Klara Schumann mich oft das gleiche fragten, womit Mr. Abell mich schon seit vielen Jahren belästigt, und daß ich mich immer weigerte, euch meine inneren Erlebnisse beim Komponieren zu enthüllen. Ich war immer äußerst abgeneigt, über dieses Thema zu sprechen, aber seit Klaras Tod im vergangenen Mai beginne ich, die Dinge in einem neuen Licht zu sehen. Außerdem spüre ich, daß das Ende meines irdischen Lebens rasch näher kommt. Schließlich mag es für die Nachwelt interessant sein, etwas darüber zu erfahren, wie der Geist spricht, wenn mich der schöpferische Drang überkommt. Ich werde euch deshalb jetzt meine gedanklichen, psychischen und geistigen Vorgänge während des Komponierens bekanntgeben. Beethoven erklärte, seine Ideen kämen von Gott, und ich kann das gleiche behaupten. Was hältst du von einem Buch, wie es Mr. Abell zu schreiben beabsichtigt, Joseph?"

"Nun, Johannes, der Wert eines solchen Buches steht außer Frage. Auf der Grundlage deiner eigenen Erlebnisse geschrieben, wäre es von ungeheurer kultureller Bedeutung nicht nur für die musikalische Welt, sondern auch für jeden, der sich für höhere ästhetische Werte interessiert. Die Inspiration betrifft alle schöpferischen Geister - Dichter, Maler, Bildhauer, Dramatiker und Komponisten. Würdest du nicht gerne detaillierte Berichte über die geistigen Vorgänge bei Mozart, Bach und Beethoven lesen, wenn diese uns etwas darüber aufgezeichnet hätten?"

"Aber sicher, Joseph; wie schade, daß die seltenen Einblicke, die sie uns gegeben haben, so knapp sind. Du meinst also wirklich, meine eigenen seelischen Vorgänge wären es wert, in einem Buch aufgezeichnet zu werden?"

"Dies ist eine sonderbare Frage, Johannes. Vor 43 Jahren, als du erst 20 warst und gerade am Beginn deiner Laufbahn standest, erklärte Robert Schumann dich zum neuen musikalischen Messias, und 35 Jahre später, im Jahre 1888, verglich dich kein Geringerer als Hans von Bülow mit Bach und Beethoven. Durch dein geistiges Ich schwingen himmlische Harmonien; du hinterläßt der Menschheit ein sehr wertvolles Erbe, Johannes, und die musikalische Welt wird unermeßlich bereichert, wenn du Aufzeichnungen darüber hinterläßt, wie der Geist dich leitete, während du deine Meisterwerke schufst."

"Es sei denn. Ich werde jetzt dir und unserem jungen Freund hier darüber berichten, wie ich mit dem Unendlichen in Verbindung trete, denn alle wirklich inspirierten Ideen stammen von Gott. Beethoven, mein Vorbild, war sich dessen wohl bewußt.

Beethoven - Vorbild für Brahms

Beethoven war immer mein Leitbild. Die wenigen uns überlieferten Berichte über seine Inspiration durch Gott selbst waren mir eine unschätzbare Hilfe. Auch Bach und Mozart sind große Inspirationsquellen, aber Beethoven ist viel umfassender in seinem Ruf an die Menschheit."

An diesem Punkt sagte Brahms, zu Joachim gewandt: "Joseph, berichte Mr. Abell über Beethoven und Schuppanzigh."

Daraufhin erzählte Joachim die folgende Geschichte:

"Als ich noch klein war, lernte ich hier in Wien drei Jahre lang Violine bei Joseph Böhm, der auch Ernsts Lehrer war. Ich wohnte in Böhms Haus, und Frau Böhm beaufsichtigte mich immer beim Üben. In diesem gastlichen Haus verkehrte sehr oft ein alter Geiger, Grünberg, der mehrere Jahre lang in Beethovens Orchester gespielt hatte. Grünberg erzählte, wie sich Schuppanzigh, der Konzertmeister, während der ersten Probe einer neuen Komposition bei Beethoven beschwerte, daß eine gewisse Stelle für die linke Hand so schlecht geschrieben sei, daß man sie beinahe gar nicht spielen könne. Woraufhin Beethoven ihn anherrschte: 'Als ich diese Stelle schrieb, war ich mir bewußt, von Gott dem Allmächtigen inspiriert worden zu sein. Glauben Sie, ich kann Ihre winzige Fiedel berücksichtigen, wenn Er mit mir spricht?'

Der alte Geiger zitierte Beethovens eigene Worte mit großem Behagen, und ich war tief beeindruckt."

"Ich auch, jedes Mal, wenn du diese Geschichte erzählst, Joseph", rief Brahms. "Beethoven empfand das gleiche wie ich, als ich mein Violinkonzert komponierte. Du erinnerst dich, wie die ganze Brüderschaft der Geiger in hellem Aufruhr war. Hellmesberger erklärte: 'Das Brahms-Konzert ist nicht für, sondern gegen die Geige geschrieben.'"

"Ja, tatsächlich, ich erinnere mich gut, Johannes, und ich weiß auch noch, wie Hellmesberger voraussagte, daß es sehr bald der Vergessenheit anheimfallen würde, da es unspielbar sei."

"Beethoven machte andere, ähnliche Äußerungen", fuhr Brahms fort, "besonders Bettina von Arnim gegenüber im Jahre 1810; dieser bemerkenswerten Frau bekannte er, daß er sich bewußt sei, seinem

Schöpfer näher als andere Komponisten zu stehen, und sagte: 'Ich weiß, daß Gott mir näher ist als anderen meiner Zunft; ich verkehre mit Ihm ohne Furcht.'

Dies ist eine bemerkenswerte Behauptung aus dem Munde des größten aller Komponisten, und es bestätigt, was der von Gott berauschte Nazarener in Johannes 14, 10 sagte: 'Nicht ich, sondern der Vater, der in mir wohnt, der tut die Werke.' Jesus verkündete eine große Wahrheit, als er dies sagte, und wenn ich mich bei meiner Arbeit in meiner größten Schaffenskraft fühle, spüre auch ich, daß eine höhere Macht durch mich wirkt."

Es ist interessant zu bemerken, daß diese vor 145 Jahren gesprochenen Worte Beethovens noch immer angeführt werden. Ernest Newman zum Beispiel, Englands führender Musikkenner, zitiert sie in einem Artikel über Beethoven, der im März 1953 im "Altantic Monthly" erschienen ist.

Wie Brahms mit Gott in Verbindung trat

"Dr. Brahms", fragte ich, "wie treten Sie mit der Allmacht in Verbindung? Die meisten Menschen finden Ihn sehr fern."

"Das ist die große Frage", antworte Brahms. "Es geschieht nicht nur durch die Willenskraft über das bewußte Denken, das ein Entwicklungsprodukt des physischen Bereiches ist und mit dem Körper stirbt. Es kann nur durch die inneren Seelenkräfte geschehen - durch das wirkliche Ich, das den Tod körperlich überlebt. Diese Kräfte ruhen für das bewußte Denken, wenn sie nicht vom Geist erleuchtet werden. Jesus lehrte uns, daß Gott Geist ist, und er sagte: "Ich und der Vater sind eins" (Joh.10,30).

Wie Beethoven zu erkennen, daß wir eins sind mit dem Schöpfer, ist ein wunderbares, ehrfurchtgebietendes Erlebnis. Sehr wenige Menschen gelangen zu dieser Erkenntnis, weshalb es so wenige große Komponisten oder schöpferische Geister auf allen Gebieten menschlichen Bemühens gibt. Über dies alles denke ich immer nach, bevor ich zu komponieren anfange. Dies ist der erste Schritt. Wenn ich den Drang in mir spüre, wende ich mich zunächst direkt an meinen Schöpfer und stelle ihm die drei in unserem Leben auf dieser Welt wichtigsten Fragen - woher, warum, wohin?

Ich spüre unmittelbar danach Schwingungen, die mich ganz durchdringen. Sie sind der Geist, der die inneren Seelenkräfte erleuchtet, und in diesem Zustand der Verzückung sehe ich klar, was bei meiner üblichen Gemütslage dunkel ist; dann fühle ich mich fähig, mich wie Beethoven von oben inspirieren zu lassen. Vor allem wird mir in solchen Augenblicken die ungeheure Bedeutung der höchsten Offenbarung Jesu bewußt: 'Ich und der Vater sind eins.' Diese Schwingungen nehmen die Form bestimmter geistiger Bilder an, nachdem ich meinen Wunsch und Entschluß bezüglich dessen, was ich möchte, formuliert habe, nämlich inspiriert zu werden, um etwas zu komponieren, was die Menschheit aufrichtet und fördert - etwas von dauerhaftem Wert.

Sofort strömen die Ideen auf mich ein, direkt von Gott; ich sehe nicht nur bestimmte Themen vor meinem geistigen Auge, sondern auch die richtige Form, in die sie gekleidet sind, die Harmonien und die Orchestrierung. Takt für Takt wird mir das fertige Werk offenbart, wenn ich mich in dieser seltenen, inspirierten Gefühlslage befinde, wie es auch bei Tartini der Fall war, als er sein größtes Werk komponierte - *Die Teufelstriller-Sonate*. Ich muß mich im Zustand der Halbtrance befinden, um solche Ereignisse zu erzielen - ein Zustand, in welchem das bewußte Denken vorübergehend herrenlos ist und das Unterbewußtsein herrscht, denn durch dieses, als einem Teil der Allmacht, geschieht die Inspiration. Ich muß jedoch darauf achten, daß ich das Bewußtsein nicht verliere, sonst entschwinden die Ideen.

So komponierte Mozart. Man fragte ihn einmal nach dem Vorgang beim Komponieren, und er erwiderte: 'Es geht bei mir zu wie in einem schönen, starken Traume.'

Er beschrieb dann, wie die Ideen, in die richtige musikalische Fassung gekleidet, auf ihn einströmten, ganz wie bei mir. Natürlich muß ein Komponist Kompositionstechnik, Form, Theorie, Harmonie, Kontrapunkt, Instrumentation beherrschen - aber jeder musikalisch Begabte kann dies, wenn er den richtigen Fleiß aufbringt. Obgleich ich sagen muß, daß es einer außergewöhnlichen Befähigung bedarf, um das Orchester so zu beherrschen wie mein junger Freund Richard Strauss. Merke dir meine Worte, Joseph: Er wird es weit bringen."

"Sprich weiter, Johannes", sagte Joachim. "Deine Enthüllungen begeistern mich. Mir ist dies alles ebenso neu wie Mr. Abell. Bitte, fahre mit deinem Bericht über das Wirken des Geistes durch dich fort."

"Der Geist ist das Licht der Seele", fuhr Brahms fort. "Der Geist ist allumfassend. Der Geist ist die schöpferische Energie des Kosmos. Die menschliche Seele ist sich ihrer Kräfte erst bewußt, wenn sie vom Geist erleuchtet wird. Um sich zu entwickeln und zu wachsen, muß deshalb der Mensch erst lernen, wie er seine eigenen seelischen Kräfte gebrauchen und ausbilden soll. Alle großen schöpferischen Geister tun dies, obgleich einige von ihnen sich dieses Vorgangs nicht so bewußt zu sein scheinen wie andere."

"Zum Beispiel jene überragenden Genies - Shakespeare, Milton und Beethoven", warf Joachim ein, "waren sich der Tatsache ihrer Inspiration bewußt und haben diesbezügliche Aufzeichnungen hinterlassen."

Joachim sprach Englisch ebenso fließend wie Deutsch; er hatte einen deutlichen Oxfordakzent und verfügte über eine große Modulation der Stimme. Er sprach das erhabene Englisch Gibbons´, wie es Sir Winston Churchill auch heute noch verwendet, und bei seiner kräftigen, tiefen Baßstimme war sein Englisch sehr eindrucksvoll. Er besaß eine erstaunliche Kenntnis der großen englischen Dichter, und im Verlauf jenes denkwürdigen Abends zitierte er viele Verse aus Milton, Wordsworth und Tennyson, die das zur Behandlung stehende Thema beleuchteten - zuerst für mich in englischer Sprache und dann deutsch, für Brahms übersetzt. Außerdem erklärte er mir, daß Emerson in seiner "Over-Soul" eine wunderbare Analyse der menschlichen Seele gegeben habe, jener allwissenden inneren Kraft, mit der Brahms in so enger Berührung stand. Joachims Wissen und Weitblick beeindruckten mich so sehr, daß ich zu ihm sagte:

"Professor Joachim, wann haben Sie eine so vollkommene Beherrschung der englischen Sprache erlangt und eine so große Kenntnis der englischen Literatur erworben?"

Worauf er antwortete: "Als ich an der Universität Göttingen in meiner Jugendzeit studierte, besuchte ich einen besonderen Sprachkurs; mein Lehrer war Engländer, der in Oxfort studiert hatte, und von ihm habe ich den britischen Akzent. Außerdem war ich sehr lange in England. Ich habe dort mehr als 40 Jahre lang in jeder Konzertsaison gespielt. Als Mendelssohn mich im Jahre 1844 in London einführte, spielte ich das Beethoven-Konzert mit dem Philharmonischen Orchester unter seiner begeisternden Stabführung, und ich gewann die Stadt und ihre Sprache lieb. Dieser Anhänglichkeit bin ich immer treu geblieben."

Brahms und die Anrufung der Muse

Brahms hatte eine verwirrende Art, das Gesprächsthema jäh und plötzlich zu wechseln, und seine nächste Frage traf mich völlig unvermittelt: "Haben Sie jemals die Odyssee oder die Äneis gelesen?"

"Ja, ich hatte drei Jahre Griechisch und vier Jahre Latein, und ich las beide Klassiker in ihrer Sprache."

"Sehr gut, sagen Sie mir die erste Zeile der Odyssee auf."

"Sag, o Muse, mir von dem viel verschlagenen Manne..."

"Was besagt Ihnen das? Wie interpretieren Sie es? Was dachten Sie und Ihre Klassenkameraden darüber, als Sie Homer lasen?"

"Insoweit die griechische Muse eine imaginäre, nicht wirklich existierende Wesenheit ist, hielten wir sie lediglich für eine dichterische Ausdrucksform; wir legten ihr keine besondere Bedeutung zu."

"Und ist das noch immer Ihre Meinung?"

"Ja. Ich habe dieser Stelle allerdings seit meinem Aufnahmeexamen an der Yale-Universität im Jahre 1889 keine Aufmerksamkeit mehr geschenkt."

"Nun, mit dieser Erklärung zeigen Sie Ihre großen Unkenntnis des Gesetzes der Suggestion. Jene Anrufung der Muse ist der Ausdruck einer höchsten psychologischen Wahrheit, deren Homer und Virgil sich wohl bewußt waren; sie spürten, daß sie der Hilfe von einer höheren, außerhalb ihrer Selbst gelegenen Quelle bedurften, um jene großen klassischen Epen zu schreiben. Mit anderen Worten, sie suchten Inspiration von oben so wie ich, wenn ich komponiere, und wie Beethoven auch. Sie waren natürlich Heiden, hatten viele Götter und besaßen die geistige Einsicht nicht in dem Maße wie die großen, alten hebräischen Propheten des Alten Testamentes vor langer Zeit, als sie zu der Erkenntnis kamen, daß es nur einen Gott gibt. Daß jene alten Geistesgenies die monotheistische Idee vertraten, gehört zu den großartigsten Ereignissen in der Geschichte der Menschheit, und glaube mir, Joseph, ich denke immer über alle Dinge nach, bevor ich anfange zu komponieren. Es ist ein äußerst anregender und begeisternder Vorgang, die Gedanken in diese Richtung zu lenken, bevor man in jenen tranceähnlichen Zustand fällt, der die Inspiration schenkt.

Brahms und seine Inspiration in Halbtrance

Wie schon erwähnt, befinde ich mich in einer tranceähnlichen Situation, wenn ich in diesen traumähnlichen Zustand falle - einem Schweben zwischen Schlafen und Wachen; ich bin wohl bei Bewußtsein, aber hart an der Grenze, das Bewußtsein zu verlieren. In solchen Augenblicken strömen die inspirierten Ideen ein. Jede echte Inspiration rührt von Gott her, und Er kann sich uns nur durch jenen Funken der Göttlichkeit in uns offenbaren - durch das, was die heutigen Psychologen das Unterbewußtsein nennen."

An dieser Stelle warf Joachim ein: "Meiner Meinung nach, Johannes, ist der Begriff Unterbewußtsein eine recht unangemessene Bezeichnung für eine so allgewaltige Kraft. Was meinst du?"

"Ich stimme mit dir überein. Es ist der ungeeigneteste Name für einen Teil des Göttlichen; Überbewußtsein wäre eine viel bessere Bezeichnung. Die beste Antwort auf deine Frage findet sich jedoch im Johannesevangelium, Kap.14, Vers 11, wo kein Geringerer als Jesus selbst sagt: 'Glaubet mir, daß ich im Vater und der Vater in mir ist.'"

"Glaubst du, Jesus meinte, daß diese allgewaltige Kraft, die er Vater nannte, in uns allen ruht, und daß jeder Komponist, der sich in jenen traumähnlichen, von dir beschriebenen Zustand versetzen kann, unsterbliche Werke wie die deinigen schaffen könne?"

"Jesus selbst gibt die Antwort auf diese Frage im gleichen Kapitel. In Johannes 14, 10 sagt er: 'Der Vater, der in mir wohnt, der tut die Werke.' Im zwölften Vers desgleichen Kapitels fügt er hinzu: 'Wer an mich glaubt, der wird die Werke auch tun, die ich tue, und wird größere denn diese tun.' Dies ist eine der gewichtigsten unter den vielen bezeichnenden Äußerungen aus dem Munde Jesu, und zwar eine, die die orthodoxe Kirche ignoriert."

Sich an mich wendend, fragte er: "Haben Sie jemals eine Predigt auf der Kanzel über diesen Text gehört?"

"Ich habe mich damit bisher noch nicht befaßt", antwortete ich, "da ich in der orthodoxen Kirche aufgewachsen bin; aber wenn ich jetzt darüber nachdenke, muß ich gestehen, daß ich nie eine Predigt über den Text Johannes 14, 12 gehört habe."

"Sie werden auch keine hören", erwiderte Brahms, "weil diese Stelle in glattem Widerspruch zu Johannes 3, 16 steht, dem Eckstein, auf dem die ganze orthodoxe Kirche aufgebaut ist. Die große Bedeutung dieses Verses liegt darin, daß es sich um Jesu eigene Worte handelt und nicht um die der Evangelisten oder des Paulus. Denken Sie daran, junger Freund."

Hier unterbrach Joachim mit folgenden Worten: "Ich freue mich, Johannes, daß du diese so wichtigen Fragen, über die wir früher in Hannover so oft sprachen, wieder diskutierst. Deine scharfen Beobachtungen führten mich von den alten orthodoxen Glaubensgrundsätzen weg, nachdem ich die christliche Religion angenommen hatte."

Dann wandte sich Joachim an mich und fuhr fort: "Sehen Sie, Mr. Abell, ich wurde im orthodoxen jüdischen Glauben erzogen; als Junge durfte ich nicht einmal das Neue Testament lesen, aber später gewann ich die Überzeugung, daß die Lehren Jesu größer und umfassender in ihrem Bezug auf die Nöte der Menschheit sind als die alte jüdische Doktrin. So wurde ich getauft und trat der orthodoxen christlichen Kirche bei. Ich wagte es aber nicht, meinen Vater davon in Kenntnis zu setzen, denn er war ein sehr strenger orthodoxer Jude und wäre entsetzt gewesen, wenn er die Wahrheit erfahren hätte. Später aber fand ich in den orthodoxen christlichen Glaubenssätzen und Dogmen vieles, dem ich nicht zustimmen konnte, Johannes 3, 16 zum Beispiel, und es war mir ein großer Trost, daß mein Freund Brahms dieselben Zweifel mit mir teilte. Ich konnte mich nie mit dem Glauben abfinden, daß Jesus der 'eingeborene Sohn Gottes' sei, wie es bei Johannes 3, 16 verzeichnet steht. Deshalb hast du, Johannes, (hier wandte sich Joachim an Brahms) das Johannesevangelium

Kapitel 14, 12 zitiert, das in Widerspruch zu Johannes 3, 16 steht; aber wir dürfen nicht vergessen, daß Johannes 14, 12 Jesu eigene Worte sind, während Johannes 3, 16 die Worte des Evangelisten darstellen. Das ist ein gewaltiger Unterschied.

Aber fahre doch bitte fort und erläutere Mr. Abell deine Gründe für die Annahme, daß der große Nazarener eine tiefe Wahrheit verkündete, als er sagte: 'Die Werke, die ich tue, werdet ihr auch tun, und größere denn diese.'"

An dieser Stelle wandte ich mich zu Brahms und fragte ihn: "Aber Dr. Brahms, was hat die Göttlichkeit Jesu damit zu tun, wie Sie beim Komponieren ihre Inspiration empfangen?"

"Alles hat damit zu tun, mein junger Freund, wie Sie sehen werden, wenn Sie sich in Geduld fassen.

Gott als die Kraftquelle jeglichen Wirkens

Alles worüber wir hier sprechen, betrifft genau das, was Sie über meine geistigen und psychischen Vorgänge beim Komponieren wissen möchten, nämlich, daß die Kraft, aus der alle wirklich großen Komponisten wie zum Beispiel Mozart, Schubert, Bach und Beethoven ihre Inspirationen schöpfen, die gleiche ist, die es Jesus ermöglichte, seine Wunder zu wirken. Wir nennen sie Gott, Allmacht, Göttlichkeit, Schöpfer usw. Schubert nannte sie, 'die Allmacht', aber, was liegt in einem Namen?", wie Shakespeare so treffend bemerkt. Es ist die gleiche Kraft, die unsere Erde und das ganze Weltall, Sie und ich eingeschlossen, schuf; jener große, gott-trunkene Nazarener lehrte uns, daß wir sie schon hier und jetzt für unsere Entwicklung uns aneignen und auch das ewige Leben erwerben können.

Jesus selbst", so fuhr Brahms fort, "spricht darüber in sehr klaren Worten: 'Bittet, so wird euch gegeben; suchet, so werdet ihr finden; klopfet an, so wird euch aufgetan.' Es würde nicht so viel wertvolles Notenpapier bei ergebnislosen Versuchen, etwas zu komponieren, verschwendet, wenn diese großen Gebote besser verstanden würden; aber kehren wir doch zu Johannes 14, 12 zurück."

Wiederum überraschte mich Brahms mit einer höchst unerwarteten

Frage: "Haben Sie jemals eine Predigt des gefeierten amerikanischen Evangelisten Dwight Moody gehört?".

"Ja, im Jahre 1886 kam er in meine Heimatstadt Norwich, von dem Tenor Ira Sankey begleitet, der überallhin mit ihm reiste und Hymnen sang; eine Woche lang predigte er jeden Abend in der Broadway Church in Norwich."

"Nun, er scheint eine ziemliche Unruhe zu erzeugen, denn ich habe in den Wiener Zeitungen von ihm gelesen. Soweit ich unterrichtet bin, glaubte er, Jesus sei Gott selbst in leiblicher Form, nicht wahr?"

"Ja, es ist das, was wir in Amerika einen Fundamentalisten nennen, das heißt, er glaubt buchstäblich alles in der Bibel."

"Wenn das, was er glaubt, wahr wäre, läge nichts Außergewöhnliches in den Wundern Jesu, denn dieser wäre dann die große Ausnahme gewesen, und wir könnten nicht hoffen, ihn nachzuahmen. Wenn aber andererseits das, was er in Johannes, 14, 12 lehrte, wahr ist, besteht die größte Hoffnung für uns alle. Wie Jesus selbst sagte, war er in diesem Fall nicht die große Ausnahme, sondern das große Beispiel, dem wir nachzueifern hätten."

"Sie glauben also nicht, daß Jesus der Sohn Gottes ist?"

"Sicher glaube ich das, wir sind alle Söhne Gottes, denn wir könnten aus keiner anderen Quelle stammen. Der riesige Unterschied zwischen ihm und uns gewöhnlichen Sterblichen liegt aber darin, daß er sich mehr Göttlichkeit angeeignet hatte als wir."

Herr Joachim machte folgende Zwischenbemerkung: "Es freut mich, Johannes, daß du den Begriff 'aneignen' verwendest, denn er erinnert mich an ein wunderbares Gedicht aus nur zwei kurzen Versen, das mir der berühmte britische Schriftsteller Bulwer-Lytton im Jahre 1853 in London schenkte. Er hatte lange in Indien gelebt und besaß einen ungewöhnlichen Spürsinn für mystische Dinge, wie aus seinen Romanen hervorgeht.

In Indien hatte Bulwer-Lytton einen betagten, in der orientalischen Lehre gründlich bewanderten buddhistischen Priester getroffen, von dem er viele 'ewige Wahrheiten', wie der berühmte Schriftsteller es bezeichnete, übernahm. Eine dieser Wahrheiten ist in diesem kleinen Gedicht, dessen englische Übersetzung er mir schenkte, verkörpert. Als wahrscheinlichen Verfasser nannte er Laotse, den chinesischen Philosophen und Begründer der alten, unter dem Namen Taoismus bekannten Religion. Ich zitiere euch Bulwer-Lyttons eigene Worte, wie er sie von jenem buddhistischen Priester gehört hatte: 'Laotse, der um 500 vor Christus lebte, war bedeutender als Confucius, obwohl er nicht annähernd so berühmt ist. Die Lehre des Confucius ist überhaupt keine Religion; sie ist ein ethisches System mit Verhaltensregeln für diese Welt. In vielen Beziehungen ist sie wunderbar, denn wie Jesus lehrt auch sie die Aufrichtigkeit. Von Gott oder dem zukünftigen Leben wird jedoch nichts erwähnt. Laotse hingegen war tief religiös; er glaubte fest an ein Leben nach dem Tode und an eine allmächtige, wohltätige Kraft, aus der wir zum Zwecke unserer Veredelung in diesem Leben schöpfen können. Wie Jesus 500 Jahre später nannte er jene Kraft den GEIST und erklärte: *Wir können den GEIST nicht definieren, aber wir können ihn uns aneignen'."*

"Stimmt!" sagte Brahms. "Wenn ich komponiere, fühle ich immer, daß ich mir den gleichen Geist aneigne, auf den Jesus so oft hinwies."

"Was geht eigentlich in Ihnen vor, wenn Sie ihn sich aneignen?" fragte ich. "Sie müssen jener Kraft gegenüber eine gewisse Stellungnahme haben; was ich nun wissen möchte, ist, wie Sie mit ihr in Verbindung treten?"

"Zunächst weiß ich, daß es diese Kraft gibt. Sie können sie sich nicht aneignen, wenn Sie nicht glauben, daß es sich um eine wirkliche, lebendige Kraft, um die Quelle unseres Wesens handelt. Mit dem bewußten Denken, einem Entwicklungsprodukt des Reiches der Materie, können Sie dies nicht erfahren; es läßt sich nur mit dem wirklichen, dem ewigen Ego- der inneren Seelenkraft - wahrnehmen."

Hier schaltete sich Joachim ein: "Johannes, bevor du uns weiter darüber berichtest, wie du mit jener Macht in Verbindung trittst, möchte ich euch jene zwei Verse zitieren, die die Formel enthalten, durch die Laotse selbst 500 Jahre vor Christus sie sich angeeignet hat. Bulwer-Lytton sagte mir übrigens, einige Forscher hielten dieses Gedicht für hinduistisch, andere für ägyptisch, und wieder andere schrieben es Zarathustra zu. Es trägt die Überschrift:

Die Bejahung des Ich

Was du brauchst, ist bei dir.
Gott schenkt alles.
Vertraue, glaube,
Wagend bejahe das Ich.
Kraft ist in dir und um dich,
Richte den Blick in das Licht.
Nichts kann dir schaden,
Wagst und bejahst du das Ich.

"Wunderbar!" rief Brahms. "Welch eine knappe, prägnante Formel, so völlig in Übereinstimmung mit Jesu eigenem Gebot im 'Vaterunser', wo wir sieben Bitten finden, jede von ihnen eine Bejahung. Ich habe immer festgestellt, daß eine bekräftigende Bejahung viel wirkungsvoller als eine reine Bitte ist, um beim Komponieren sich inspirieren zu lassen."

Brahms ging zum Klavier, und mit den Worten: "Das ist meine Meinung von diesem Gedicht" schlug er drei kräftige Akkorde in C-Dur an.

Brahms und die Wunder Jesu

"Auf welche Werke bezog sich Jesus Ihrer Meinung nach in Johannes 14, 12, als er sagte: 'Die Werke, die ich tue, werdet ihr auch tun und werdet größere denn diese tun'.?"

"Offensichtlich meinte er seine Wunder."

"Sie glauben also, daß Jesus tatsächlich Wunder wirkte?"

"Ganz gewiß, ungeachtet der von Harnack vertretenen gegenteiligen Meinung."

Eine kurze Erklärung ist hier am Platz. Adolf Harnack war zu jener Zeit Deutschlands berühmtester Theologe; er wurde in der Tat als die größte Autorität in bezug auf die vier Evangelien angesehen. An der Universität Berlin hörte ich eine Reihe seiner Vorlesungen darüber und war erstaunt, als er sagte: "Was die sogenannten Wunder Jesu betrifft, so können wir sie als Fälschung abtun."

"Warum sagen Sie 'Trotz Harnack'?"

"Früher dachte ich auch wie Harnack und glaubte nicht an die Wunder, aber später stellte ich fest, daß eines der größten von einem anderen Menschen vor einer Schar zuverlässiger Zeugen, Joachim eingeschlossen, kopiert worden war. So mußte ich zu der Schlußfolgerung gelangen, daß Harnack unrecht hatte und Jesus tatsächlich Wunder tat. Das Wunder, auf das ich verweisen möchte, ist das bei Matthäus 14, 25 berichtete Wandeln auf dem Meer. Wir lesen: 'Aber in der vierten Nachtwache kam Jesus zu ihnen und wandelte auf dem Meer'." Und in Markus 6, 48 wird dasselbe Wunder in fast gleichlautenden Worten beschrieben."

Hier wandte sich Brahms an Joachim und sagte: "Den Jüngern kam es natürlich so vor, als wandle Jesus auf dem Wasser; in Wirklichkeit aber wandelte er in der Luft. Seine geistige Kraft war so groß, daß er, indem er aus der Allmacht schöpfte, sich über das Gravitationsgesetz erheben konnte. Wir nennen das eine übernatürliche Kraft, aber übernormal wäre eine bessere Bezeichnung. Jesus gebrauchte ein höheres Gesetz, von dem seine Jünger im Boot nichts wußten, und der Besitz übernatürlicher Kräfte war für sie die einzige Erklärung des Wunders, da er ja Gott selbst in Person war. Nichtsdestoweniger war ihr Entsetzen groß, denn wir lesen in Matthäus 14, 26: 'Und sie schrieen vor Furcht.'

In Johannes 14, 12 berichtet der mächtige Nazarener jedoch etwas ganz anderes. Meinst du, Joseph, Jesus sei sich der Tatsache bewußt gewesen, daß er ein höheres Gesetz anwendet, als er in der Luft wandelte?"

"Ich bin überzeugt davon und auch sicher, daß er wußte, daß auch andere die Kraft des Schwebens besitzen, wenn sie wie er jenes höhere Gesetz anwenden; wie sollte man sonst Johannes 14, 12 erklären? Alle Wissenschaftler stimmen heute darin überein, daß alles im Universum vom Gesetz bestimmt wird. Auch die großen Dichter wissen dies, denn ein Dichter wird genauso inspiriert wie ein Komponist. Dies trifft insbesondere für die britischen Dichter zu - Milton, Wordsworth, Tennyson und Browning. Ich fragte einmal Browning, was er von dem oft zitierten Bibelvers "Gott ist die Liebe" halte, worauf er antwortete: 'Gott ist die Liebe, aber Gott ist auch das Gesetz'; er fügte hinzu, daß Gesetz und Ordnung, die überall im Universum herrschen, jene große Wahrheit verkünden. Von Browning lernte ich vieles, was ich vorher nie verstanden hatte."

"Nicht nur die englischen Dichter", warf Brahms ein, "sondern auch die großen deutschen Dichter erkennen dieses an - vor allem Goethe, der größte unter ihnen. Die größte Weisheit, die er je aussprach, steht in seinem Gedicht 'Das Göttliche':

Nach ewigen, ehernen, großen Gesetzen
Müssen wir all´
Unseres Daseins Kreise vollenden.

Jesus wußte, daß er kraft dieses höheren Gesetzes wirkte und daß andere eines Tages das gleiche tun würden, und nun ist dieses höhere Gesetz, die Überwindung der Schwerkraft, tatsächlich von einem Mann namens Daniel Home verwirklicht worden."

Brahms und sein Interesse an psychischen Phänomenen

Brahms sagte: "Joseph, erzähle Mr. Abell, wie du Daniel Home in London in der Luft wandeln sahst."

"Daniel Home!" rief ich. "Meine Großmutter kannte ihn, auch sie hat gesehen, wie er in der Luft wandelte und viele andere so unglaubliche Kunststücke vollbrachte, daß man dachte, er stehe mit dem Teufel in Verbindung."

Da sprang Brahms in großer Erregung vom Stuhl auf, deutete mit dem Finger auf mich und rief: "Was! Sie wollen mir hier erzählen, daß Ihre eigene Großmutter tatsächlich den einzigen Mann seit Jesus Christus gesehen hat, der das Gravitationsgesetz brechen und in der Luft wandeln konnte?"

"Aber gewiß. Sie war gut mit ihm bekannt, denn er lebte viele Jahre in Norwich, Connecticut, meiner Heimatstadt. Er wohnte in Greenville, dem östlichen Teil der Stadt."

"Ist er dort geboren? Erzählte Ihre Großmutter Ihnen etwas über seine Abstammung oder darüber, wie er in den Besitz solcher Wunderkräfte gelangte?"

"Sie erzählte mir, daß er neben Verwandten von ihr wohnte und über einen Zeitraum von zwölf Jahren, von 1840-1852, mit ihr bekannt gewesen sei. Daniel Home war 19, als sie sah, wie er in der Luft schwebte und andere unglaubliche Dinge ausführte. Das war im Jahre 1852, meine Großmutter war damals 41 Jahre alt."

"Das interessiert mich ganz außerordentlich", rief Brahms. "Es bestätigt, was du in London und Paris gesehen hast, Joseph. Wiederholen Sie doch bitte, Mr. Abell, was Ihre Großmutter sagte, und verwenden Sie ihre eigenen Worte, soweit Sie sich daran erinnern können."

"Ich habe die Geschichte von ihr so oft gehört, daß ich sie wörtlich bringen kann. Es geschah in Hartford, der Hauptstadt des Staates Connecticut, wo meine Großmutter einen Verwandten, einen gewissen Mr. Burr, den Herausgeber der Hartforder Zeitung, besuchte. Sie beschrieb die Begebenheit folgendermaßen: 'Wir saßen eines Abends im großen Wohnzimmer im Hause Mr. Burrs, als plötzlich Daniel Home aufstand, sich vom Boden erhob und in der Luft im Zimmer umherschwebte, wobei er seine Beine bewegte, als ginge er auf dem Boden. Er wiederholte dies zweimal, und beim dritten Male erhob er sich bis zur Decke, berührte sie mit den Händen und dem Kopf und schwebte dann langsam zum Boden zurück'."

"Hat Ihre Großmutter noch andere derartige Kunststücke gesehen?"

"Ja, in Norwich sah sie, wie er schwere Tische im Zimmer sich fortbewegen ließ, ohne daß jemand sie berührte, wie er ein Klavier zum Spielen brachte, ohne daß jemand die Tasten berührte, Glocken zum Läuten brachte und wie an der Tür geklopft wurde, was überall im Zimmer, das voller Leute war, gehört wurde. Der Herausgeber des Norwich Bulletin war anwesend; er schrieb einen längeren Artikel über diese Sitzung, und andere Zeitungen überall in den Vereinigten Staaten druckten ihn ab."

Hier unterbrach Brahms und sagte zu Joachim: "Joseph, berichte Mr. Abell von den Dingen, die Home in London und Paris in den 50er und 60er Jahren getan hat."

Worauf der berühmte Geiger erzählte: "Ich sah, daß Home all das tat, was Ihre Großmutter Ihnen beschrieben hat. Das erste Mal im Jahre

1853 in Bulwer-Lyttons Haus in der Park Lane, London. In späteren Jahren sah ich auch, wie er andere unglaubliche Kunststücke vollbrachte; aber was mich am meisten interessierte, war die Wirkung dieser Phänomene auf hervorragende Leute wie zum Beispiel John Ruskin. Als ich ihn im Jahre 1861 in London zum ersten Mal traf, war er äußerst entmutigt und pessimistisch, weil Darwin, wie er sich ausdrückte, 'die Welt in Asche verwandelt' und seinen Glauben an die Religion und an ein künftiges Leben völlig erschüttert habe. 'Lohnt es sich noch zu leben?' fragte mich Ruskin. "Darwin, Huxley und Haeckel haben bewiesen, daß es keinen Gott gibt, daß Religion Opium für das Volk ist, daß es kein Leben nach dem leiblichen Tod gibt. Das Schreckliche an dieser ganzen Lehre ist dies, daß diese Leute nichts an die Stelle jenes seelentröstenden Glaubens an ein Leben über das Grab hinaus zu setzen vermögen.'

Später jedoch, im Jahre 1865, teilte mir Ruskin mit: 'Mein lieber Joachim, ich habe meinen Glauben an die Unsterblichkeit wiedergewonnen, als ich sah, wie Daniel Home solch außergewöhnliche Taten vollbrachte, die sich durch keinerlei menschliche Wirksamkeit deuten lassen. Die einzige Erklärung ist eine höhere Macht, die wir Gott nennen, die aber Darwin und Huxley nicht kennen. Ich bin jetzt davon überzeugt, daß es sich in allem so verhält, wie Jesus in den Evangelien in bezug auf ein künftiges Leben lehrte.'

"Richtig", schaltete sich Brahms ein, "dies alles beweist, daß Jesus genau das meinte, was er in Johannes 14, 12 äußerte, und daß er als das große Beispiel und nicht als die große Ausnahme auf die Erde kam. Homes Taten verwirren die Atheisten wie zum Beispiel Haeckel. Ich kenne einige junge, atheistische Komponisten. Ich habe ihre Partituren gelesen und versichere dir, Joseph, daß sie sehr bald der Vergangenheit anheimfallen, weil es ihnen gänzlich an Inspiration fehlt. Ihre Arbeiten stellen eine reine Gehirnleistung dar. Der große Nazarener kannte dieses Gesetz auch, und in Johannes 14, 4 verkündete er: 'Gleich wie die Rebe kann keine Frucht bringen von ihr selber, sie bleibe denn am Weinstock'. Kein Atheist wird je ein großer Komponist sein."

"Während der 60er Jahre", so setzt Joachim seinen Bericht fort, "sah ich einmal im Hause Rossinis in Paris, daß Home sich vom Boden erhob, aus dem hohen französischen Fenster etwa sieben Meter über dem Boden hinausschwebte, sich um das Haus herum bewegte und zum Fenster wieder hereinkam. Ein anderes Mal sah ich, wie er Wasser beinahe in Wein verwandelte. Auf dem Tisch, auf den Home seine Aufmerksamkeit konzentrierte, stand ein Glaskrug, mit Wasser gefüllt. Nach einiger Zeit begann es zu brodeln und wohlriechenden Duft zu verbreiten: es schmeckte ganz ähnlich wie Wein."

"Mirabile Dictu!" rief Brahms aus. "Das erklärt das erste Wunder Jesu, die Verwandlung von Wasser in Wein, wie es in Johannes 2, I - II beschrieben ist. Home hatte damals wohl nicht genügend geistige Kraft, um tatsächlich wie Jesus Wasser in Wein zu verwandeln, aber er kam dem sehr nahe. Du erinnerst dich, Joseph, an das Bild von Paul Veronese, das die Hochzeit zu Kanaan darstellt? Dieses Gemälde war mir eine große Quelle der Inspiration, als ich mein zweites Klavierkonzert schrieb. Es kann kein Zweifel bestehen, daß Jesus auch andere Wunder tat, indem er jene höheren Gesetze, von denen die Menschheit noch immer nichts weiß, anwendete."

Brahms nahm ein Buch vom Klavier und reichte es mir mit den Worten: "Mr. Abell, Sie sind Amerikaner. Kennen Sie dieses Buch?"

Ich schlug die Titelseite auf und las:

The Law of Psychic Phenomena
by
Thomson Jay Hudson, Ph.D.L.L.D.
(Das Gesetz der psychischen Phänomene von
Thomson Jay Hudson, Ph.D.L.L.D.)

"Nein, ich habe nichts davon gehört, aber ich lebe seit 1890 in Deutschland und habe mich um neue amerikanische Bücher nicht sonderlich gekümmert. Dieses hier wurde, wie ich sehe, in Washington im Jahre 1892 veröffentlicht."

"Ja", entgegnete Brahms, "es erklärt wissenschaftlich und in allen Einzelheiten die Gesetze, aufgrund derer Daniel Home seine scheinbar unmöglichen Leistungen vollbringen konnte. Hudson behauptet, Home sei ein spiritistisches Medium und wende dieselben Gesetze an wie Jesus, befinde sich aber im Zustand der Trance und sei sich dessen, was er getan habe, nicht bewußt, nachdem er aus der Trance erwacht sei."

Brahms fragte: "Haben Sie Blind Tom schon einmal am Klavier gehört?"

"Nein, nie, aber ich kenne sehr viele Musiker, die ihn gehört haben, die alle sprachlos über seine Leistungen waren."

Brahms erwiderte, auch er kenne zwei Musiker, die ihn gehört hätten und berichteten, daß er auf dem Klavier eine schwierige Chopin-Etüde, die er noch nie vorher gespielt hatte, nach nur einmaligem Hören vorgetragen habe. "Hudson hat auch dafür eine Erklärung. Blind Tom schöpft aus den gleichen psychischen Kräften wie Daniel Home, ohne sich seines Tuns bewußt zu sein."

An dieser Stelle warf Joachim ein: "Zerah Colburn, das mathematische Wunderkind, veranschaulichte in noch großartigerer Weise als Tom, wie man die Quelle jener höheren Kraft erschließt." Indem er Hudsons Buch nahm, fügte er hinzu: "Ich zitiere Seite 65. Das Zitat stand in einem langen wissenschaftlichen Artikel über Zerah Colburn, der im British Annual Register im Jahre 1812 erschien und folgendermaßen lautete: 'Es gelang diesem Kind, die Zahl 8 hintereinander bis zur 16. Potenz zu erheben; das Ergebnis 281 474 976 710 656 stimmte in jeder einzelnen Ziffer'."

Joachim las mir zunächst den englischen Text vor und übersetzte ihn dann für Brahms ins Deutsche.

"Wunderbar!" rief Brahms. "Ich kenne diesen Bericht nicht, da mich Toms Leistungen am Klavier so gefesselt haben. Dies war sicherlich eine transzendentale Leistung. Das Kind schöpfte unbewußt, wie Tom, aus dieser allmächtigen Kraft. Jesus freilich wußte, was er tat, worin der gewaltige Unterschied zwischen ihm und Daniel Home, Zerah Colburn oder Blind Tom liegt."

"Genau", sagte Joachim.

"Wie anders wäre das Leben auf dieser Welt, wenn wir wie Jesus die Allmacht uns bewußt aneignen könnten. Offensichtlich glaubte der Herausgeber des Annual Register vom Jahre 1812, daß Zerah Colburn genau dies getan habe, denn am Schluß seines Artikels schrieb er: 'Es war das einzigartigste Phänomen in der Geschichte des menschlichen Geistes, das jemals existierte'."

"Sehr gut!" entgegnete Brahms. "Aber ich finde es weit bedeutsamer, daß Daniel Home, Blind Tom und Zerah Colburn keine solchen 'Spuren im Sand der Zeit' hinterlassen haben, wie Ihr amerikanischer Dichter Longfellow sich so passend ausdrückt."

"Das ist noch milde ausgedrückt", entgegnete Joachim. "Über Jesus wurden zehnmal so viel Bücher wie über einen anderen lebenden Menschen geschrieben, und wir rechnen sogar unsere Zeit nach ihm."

"Und warum nicht?" sagte Brahms. "Wer sonst unter den zahllosen Millionen, die über diese Erde gegangen sind, könnte sich mit ihm vergleichen? Er lehrte uns Rechtschaffenheit und Ehrbarkeit im Umgang mit unseren Mitmenschen; er wußte, daß es ein Leben nach dem Tode gibt, das wir uns verdienen, wenn wir glauben und seine Gebote halten." Hier wandte sich Brahms dem Klavier zu und präludierte ein paar Minuten.

Die Ansichten des Komponisten Brahms über den Atheismus

Nach kurzer Pause sprach Brahms weiter: "Hudson erklärt, daß der Atheist wegen des Einflusses des großen unwandelbaren Gesetzes der Suggestion auf das Unterbewußtsein sich selbst vernichtet. Mit anderen Worten, er ist sein eigener Scharfrichter. Wie denkst du darüber, Joseph?"

"Es klingt überzeugend, da, wie Hudson beweist, die Zugänglichkeit für Suggestion das Gesetz ihres Vorhandenseins ist. Was wird deiner Meinung nach aus Haeckel, wenn er stirbt, ich meine aus dem göttlichen Funken, der in ihm wohnt?"

"Jesus beantwortet diese Frage unzweideutig in Matthäus 7, 13: 'Die Pforte ist weit, und der Weg ist breit, der zur Verdammnis abführt; und ihrer sind viele, die darauf wandeln'."

"Aber Johannes", protestierte Joachim, "wie kann ein göttlicher Funke zugrunde gehen, wenn er unsterblich ist?"

"Wie ich es sehe", antwortete Brahms, "meinte Jesus wohl, daß das individuelle Bewußtsein vernichtet wird. Haeckel als Nachbildung des nicht differenzierten göttlichen Geistes in der Gestalt eines Einzelwesens wird zugrunde gehen. Sein Ich wird gestrichen, aber der unsterbliche Funke in ihm kehrt in den allgemeinen Fonds zurück, um bei der Schöpfung eines anderen Bewußtseinsmittelpunktes wieder verwendet zu werden. Wie könnte es anders sein? Nichts geht verloren außer diesem einzelnen Bewußtseinskern. Aufgrund der Wirkungsweise dieses Gesetzes der Suggestion wird dies das schreckliche Schicksal aller Atheisten sein."

"Du glaubst also nicht an Matthäus 25, 46? Jesus sagt dort: 'Und sie werden in die ewige Pein gehen'."

"Ich glaube das schon wie alles, was Jesus selbst lehrte, aber er meinte wohl dasselbe wie bei Mattäus 7, 13: ewige Verdammnis. Aber ich kann mir nicht vorstellen, daß ein Mensch während seines kurzen irdischen Lebens so viel sündigt, daß er ewige Pein verdient; auch glaube ich nicht, daß ein gerechter Schöpfer eine solche Ungerechtigkeit gutheißen könnte. Aber zweifellos gibt es ein unwandelbares Gesetz der Vergeltung. Die Natur lehrte es, und Jesus erklärte, die Bösen würden nach ihren Missetaten bestraft.

Joseph Joachim mit seiner berühmten Stradivari in seinem Berliner Heim 1902. Aufnahme von A.M. Abell.

Joseph Joachim, der beste Freund von Johannes Brahms, berichtet über seine Gespräche mit dem englischen Dichter Tennyson und dessen Ansichten über die Schöpfung, die Unsterblichkeit und das Weiterleben nach dem Tode

Aber laßt uns auf unser Hauptthema zurückkommen. Du sprachst einmal, Joseph, von deiner Unterhaltung mit Tennyson über Gott, Inspiration und den Zweck der Schöpfung. Berichte Mr. Abell, was er darüber sagte, ich möchte es gerne noch einmal hören, denn ich bin von seinen Ideen über den ganzen kosmischen Plan begeistert."

"Tennyson und ich waren jahrelang Freunde", antwortete Joachim. "Für mich waren seine Gedichte immer ein wunderbares Gegengift gegen die atheistischen Bücher Haeckels und die schrecklichen Wellen des Materialismus, die England überflutete, nachdem Darwin seine Evolutionstheorie verkündete. Ich war oft Tennysons Gast in seinem palastartigen Haus unweit von London, in Aldworth, in der Grafschaft Surrey, wo er in königlichem Stil wohnte. Gelegentlich meines letzten Besuches, nur wenige Jahre vor seinem Tod - Tennyson war 81 Jahre alt -, sagte ich eines Abends zu ihm: 'Lord Tennyson, Sie haben in so vielen Ihrer Gedichte die scharfsinnigste geistige Einsicht in Gottes Pläne bewiesen, daß es mich ungeheuer interessieren würde, aus Ihrem Munde einen eingehenden Bericht über das zu erhalten, was Ihrer Meinung nach das Endziel der Schöpfung sein soll und wie es überhaupt begann. Erkennen Sie einen Zweck darin?'

'Ich erkenne einen bestimmten Zweck darin', antwortete der große Dichter. 'Für mich ist die Evolution der göttliche Schöpfungsplan, aber Darwin, Haeckel und Huxley sahen nur die äußere Schale; sie ließen den Kern im Innern völlig unbeachtet - das unsterbliche Ich. Über den Beginn der Schöpfung sagte unser großer Führer Jesus: Gott ist Geist! Da nun aber der Geist nicht differenziert ist und auch keine Form besitzt, ist sein einziges Merkmal der Gedanke. Der göttliche Gedanke muß daher der erste Schritt bei der Schöpfung gewesen sein. Ich sehe den zweiten Schritt als Plan-Zweck; den dritten: Äther; den vierten: Licht; den fünften: Atome als Gottes

Bausteine; den sechsten: Moleküle; und den siebten: Zellen, aus denen sich alle lebenden Formen entwickelt haben.

Für mich ist es klar, daß die Erschaffung der Form das Ziel des Lebens ist. Diesen Gedanken sprach ich sehr klar im ersten Vers meines Gedichtes *Der Höhere Pantheismus* aus:

Die Sonne, der Mond, die Sterne, das Meer,
Die Berge und die Ebenen-
Sind sie nicht, o Seele, die Erscheinung
Des, der da herrscht?

Ich gebrauchte das Wort *Erscheinung* (Vision) statt Form, da am Anfang der Schöpfer bestimmte Vorstellungen über die zahlreichen verschiedenen Formen, die er erschaffen wollte, gehabt haben muß. Die Sonne, der Mond, die Sterne sind die äußeren Erscheinungen jener urgedanklichen Formen der Allmacht. Ganz offensichtlich ist nun aber der Mensch die höchste Manifestation aller erschaffenen lebenden Formen. Shakespeare, Newton, Kopernikus, Milton, Bach, Beethoven, Sie und ich, mein lieber Joachim, sind äußere Offenbarungen des ewigen Schöpfergeistes, differenziert in besonderen Einzelformen. Ist Ihnen das klar, Joachim?"

"Sonnenklar, aber ich habe mich bisher nie in dieser Sicht gesehen. Wie verhält es sich mit den Tieren? Sie haben ebenfalls individuelle Formen".

"Das ist wahr, aber der Mensch ist das einzige lebende Wesen, das sich so weit entwickelt hat, daß es um seine Gleichheit mit dem allmächtigen, ursprünglichen Geist weiß. Jedes normale menschliche Wesen ist äußerer Ausdruck der obersten universalen Gedankenkraft im Einzelbewußtsein. Das letzte Ziel der Schöpfung, wie ich sie auffasse, ist daher die Entwicklung der einzelnen Bewußtseinsmittelpunkte, die die potentielle Fähigkeit besitzen, ewig in einem anderen höheren Reich zu leben, das Jesus das Himmelreich nannte. In meinem Gedicht *In Memoriam* habe ich die vielen anderen Hinweise darüber wie in einem Höhepunkt zusammengefaßt:

Ein Gott, ein Gesetz, ein Element
Und eines weit entfernt, göttliches Ereignis,
Dem alle Schöpfung zustrebt
(Zu dem sich alle Schöpfung hin bewegt)."

Hier schaltet Joachim eine kurze Pause ein und übersetzt alles ins Deutsche, worauf Brahms mit großem Behagen ausrief: "Welch großartige und prägnante Antwort auf jene drei ewigen Fragen, über die die Menschheit seit Anbruch der Geschichte sich den Kopf zerbricht. Tennyson war nicht nur ein Dichter, dem die Eingebung zuteil wurde, sondern auch ein tiefer Denker! Was sagte er noch, Joseph? Ich könnte die ganze Nacht solchen Worten der Weisheit lauschen."

Joachim berichtete weiter: "Ich sagte dann zu ihm: 'Lord Tennyson, Ihre Auffassung von Gott und dem Beginn der Schöpfung erfüllt mich mit Ehrfurcht und Verehrung. Ich lese Ihre Gedichte seit dem Jahre 1850, in dem Sie Englands Poeta Laureatus wurden, aber heute abend haben Sie mir eine gänzlich neue Auffassung vom Sinn unseres Lebens vermittelt. In welchen Gedichten sprechen Sie von jenem Himmel, dem alle Schöpfung zustrebt?'

'In vielen, zum Beispiel in dem Gedicht *The Poet* (Der Dichter), in welchem ich schrieb:

Der Himmel ergoß sich über die Seele
In vielen Träumen voll tiefen Sehnens,
So kam Wahrheit vielfältig wieder zu Wahrheit.

Und dann in *The Deserted House* (Das verlassene Haus):

Fort von hier, denn Leben und Denken
Können nicht bleiben;
Doch in einer strahlenden Stadt -
Einer großen und fernen Stadt -
Haben sie ein unvergänglich Haus gekauft.

'Wie schön ausgedrückt!' rief ich aus. 'Ein Vers in Ihrem Gedicht *In Memoriam* hat mich immer beschäftigt:

Liegen Gott und die Natur im Streit,
Daß die Natur so böse Träume schickt,
So unbekümmert um das Einzelleben,
Doch so bedacht auf ihre Art.

Möchten Sie mir erklären, wieso Gott und die Natur miteinander im Streit liegen könnten?'

'In jenem Vers stellte ich keine Behauptung auf, sondern eine Frage, die große Frage aller Zeiten - warum gibt es so viel Böses in dieser unsrer Welt? Es hat an Versuchen, eine Antwort zu finden, nicht gefehlt; das ganze Buch Job ist zum Beispiel ein Versuch.

Für mich ist es klar, daß die Natur Gottes Dienerin ist und daß sie gegnerisch mit dem Menschengeschlecht verfährt; die Natur befaßt sich offensichtlich nicht mit den Bedürfnissen des einzelnen Menschen, sondern mit der Menschheit insgesamt. Die von dem Schöpfer aufgestellten Naturgesetze sind unabänderlich; werden sie verletzt, sind die Folgen fürchterlich. Der Mensch selbst trägt jedoch große Schuld für die meisten Krankheiten, für Sorge und Not, die wir auf der Welt finden, weil er jene Gesetze übertreten hat. Der Mensch handelt sittlich frei und kann tun, was er will, aber er muß die Strafe für seine Sünden wider die Natur bezahlen.

Unter der Maske der Vaterlandsliebe stellt zum Beispiel der legalisierte Mord im Krieg den schlimmsten Verstoß gegen das Gesetz Gottes sowohl wie gegen das der Natur dar. In der Tierwelt finden wir oft einzelne Kämpfe; das scheint ein Naturgesetz zu sein, aber es billigt keineswegs gemeinsames Massengemetzel, wie es unter anderen von Alexander, Cäsar und Napoleon veranstaltet wurde, die durch die Macht irre geworden sind. Wenn die Gebote der Gesundheit streng eingehalten würden, gäbe es außerdem keine Krankheiten. Die Natur verhält sich demgegenüber gleichgültig, und das wollte ich in jenen Versen sagen, die Sie aus meinem *In Memoriam* anführten'."

Nachdem Joachim Tennysons Ausführungen übersetzt hatte, rief Brahms aus: "Welch scharfsinnigen Einblick hatte doch der große Dichter in das Walten Gottes in der Natur! So habe ich mir das alles bisher noch gar nicht überlegt, obgleich ich oft über das Böse in der Welt nachgedacht habe. Tennysons Auffassung von der Natur erklärt viele rätselhaften und schrecklichen Vorkommnisse auf unserem eigenen Arbeitsgebiet; so die Frage, warum Schubert im Alter von 31, Mozart mit 35, Mendelssohn mit 38 und Chopin mit 39 Jahren starben; auch warum Donizetti, Smetana und Schumann geisteskrank wurden. Was erzählte Tennyson sonst noch, Joseph? Ich bin ganz Ohr."

"Er kannte die vier Evangelien so gut wie du, Johannes, und er sagte mir, viele Aussprüche Jesu seien unschätzbare Inspirationsquellen für ihn gewesen. Ich zitiere seine eigenen Worte als Beispiel dafür, wie er aus der Heiligen Schrift schöpfte: 'Als ich in meinem Gedicht *Enoch Arden* die Zeilen schrieb:

Doch Enoch, ein wackerer, gottesfürchtiger Mann,
Beugte sich nieder, und in jenem Geheimnis,
Wo Gott im Menschen eins ist
mit dem Menschen in Gott,
Erflehte er den Segen für Weib und Kinder,

dachte ich dabei an Johannes 14, 10: Ich bin im Vater, und der Vater ist in mir. Dies ist die tiefste Wahrheit, die jemals der Menschheit verkündet wurde, und der große Nazarener war der erste, der diese erstaunliche Tatsache vollkommen verwirklichte'."

An dieser Stelle unterbrach Brahms wiederum, ging zum Klavier und spielte das erste Thema des Schlußsatzes seiner c-Moll-Symphonie und rief dabei aus: "An genau diesen Vers dachte ich, als ich jenes Thema schrieb; auch war mir gegenwärtig, was Beethoven zu Schuppanzigh sagte; daher die Ähnlichkeit des Themas mit Beethoven. Aber fahre doch fort, Joseph, in deiner faszinierenden Unterhaltung mit Tennyson."

'Was hätte Darwin zu Ihrer Theorie jener sieben ersten Stufen bei der Schöpfung gesagt?' fragte ich. 'Ich war persönlich gut mit ihm bekannt; er besuchte manchmal meine Konzerte in London, hauptsächlich wohl deswegen, weil er die Reaktion des Publikums auf mein Spiel beobachten wollte, aber über die Frage der Schöpfung haben wir nie gesprochen.'

'Dann wird es Sie interessieren, daß ich Darwin die gleiche Theorie, so wie ich sie Ihnen dargelegt habe, vorlegte, und seine Reaktion überraschte mich sehr. Ich bringe Ihnen seine eigenen Worte: Jene sieben aufeinanderfolgenden Stufen sind wissenschaftlich richtig und stimmen ganz mit meiner Entwicklungslehre überein. 'Ich stimme jedoch Ihrer Hypothese bezüglich des letzten Zieles der Schöpfung nicht zu, auch kann ich in jener Macht hinter der Entwicklung keinen gütigen Vater sehen, wie Sie in Ihren Gedichten zeichnen oder wie ihn Jesus von Nazareth beschreibt.'

'Sie geben damit zu, Professor Darwin, daß eine höhere Macht hinter der Entwicklung steht?'

'Gewiß; ich muß das zugeben, weil die Entwicklung immer weiter und aufwärts, von niedrigeren zu höheren Lebensformen verlaufen ist. Das konnte kein Zufall sein; es ist unwissenschaftlich, eine solche Hypothese vorauszusetzen, weil der Zufall sich nie in einer Richtung allein bewegt.'

'Es freut mich, daß Sie, der Vater der Entwicklungstheorie, das sagen. Glauben Sie, daß diese Kraft, wie Sie sie nennen, reagiert, wenn der Mensch sie anruft, wie Jesus es uns im Vaterunser lehrte?'

'Ganz entschieden bin ich nicht dieser Meinung. Ich betrachte sie als eine streng unpersönliche Kraft, die sich überhaupt nicht um die Wünsche und das Verlangen des sterblichen Menschen kümmert.'

Ich konnte Darwin nicht dazu bringen, mir irgendwelche weiteren Hinweise bezüglich seiner Idee über die Art jener Kraft zu geben.'

Du wunderst dich wohl, Johannes, daß ich mich an all dies erinnere", sagte Joachim. "Ich schrieb es alles während der Unterhaltung auf, denn es war mir klar, daß dies ein denkwürdiger Augenblick war. Tennyson hatte sehr viel Geduld mit mir und ließ mir genügend Zeit, meine Aufzeichnungen zu machen. Danach memorierte ich die ganze Abhandlung, denn es war alles eine Offenbarung für mich."

"Du verdienst einen Orden dafür, Joseph; ich beneide dich sehr um den Vorzug, in so enger Verbindung mit einem so hervorragenden Dichter gestanden und seine Ansichten über diese tiefgründigen Probleme gehört zu haben. Hohe Gedanken, wie diejenigen Tennysons, wecken in mir den Drang zu komponieren."

Zur großen Freude Joachims setzte sich dann Brahms ans Klavier und improvisierte ein paar Takte, etwas im Stil seines *Es-Dur-Intermezzos*, worauf er sagte: "Berichte uns weiter über Tennyson. Ließ er etwas darüber verlauten, was er von Darwins Einstellung jener

Kraft gegenüber hält, deren Existenz sogar er zugab?"

"Ja, auch ich war begierig, über diesen Punkt etwas zu erfahren, so daß ich zu ihm sagte: 'Lord Tennyson, zu welchem Schluß führte Sie Darwins Standpunkt? Erschütterte er Ihren Glauben an das, was Jesus über jene Macht, die er Vater nannte, lehrte?'

'Nicht im geringsten', antwortete er. 'Darwin war ein berühmter Mann; er machte eine der bedeutendsten Entdeckungen in der ganzen Geschichte der Menschheit, aber nur im materialistischen Sinne. Geistig war er sehr rückständig in seiner eigenen Entwicklung, wie übrigens auch Haeckel, Huxley und Spencer. Ein Mann kann in einer Hinsicht sehr groß, in anderer außerordentlich klein sein. Sehen Sie, mein lieber Joachim, der fundamentale Irrtum dieser heute führenden viktorianischen Wissenschaftler liegt darin, daß sie nur das glauben, was ihren fünf Sinnen offenbart wird, was gemessen, gehoben oder durch chemische Analysen bewiesen werden kann. Die wissenschaftliche Analyse läßt indes die wahren Beziehungen der Welt zur Menschheit vollkommen unbeachtet: es gibt viele höhere, geistige Werte wie zum Beispiel die Schönheit, die Liebe, die Eingebung, die Ordnung, die Inspiration, die Gesetze, die wunderbare Sprache der Blumen und die Musik, die sich der wissenschaftlichen Analyse entziehen; und doch sind sie nicht weniger wirklich als die greifbaren Phänomene, auf die diese Wissenschaftler so viel Wert legen. Tatsächlich sind sie von größerer Bedeutung, weil diese höheren Werte ewig, jene groben, materiellen Dinge aber flüchtig und vergänglich sind.

Nein, Darwins Ansichten beeinflußten mich in keiner Weise, weil der Geist sich von der Physik nicht fesseln läßt. Ich weiß, daß diese alles erzeugende Kraft reagiert, und als ich in meinem *Höheren Pantheismus* schrieb:

Sprich mit Ihm, du, denn Er hört,
Und Geist begegnet dem Geist,
Näher ist Er als Atem
Und näher als Hand und Fuß,

dachte ich an das, was der einzigartige Nazarener uns lehrte, an Shakespeare, Milton, Bach und Beethoven, die in ihrer geistigen Entwicklung so weit voraus waren, daß sie die Lehre Jesu praktizieren und wirklich jene Kraft sich aneignen konnten und ihre Eingebung aus ihr schöpften. Darwin und Haeckel vermochten es nicht, das reagierende Verständnis, das der Schöpfungskraft innewohnt, zu erkennen. Die unreife materialistische Lehre, wonach die im Weltall herrschenden wunderbaren Gesetze und Ordnungen das Ergebnis einer *zufälligen Zusammenarbeit von Atomen* seien, stellt meiner Betrachtungsweise nach einen weit größeren Wechsel auf die Leichtgläubigkeit aus als die roheste anthropomorphische Auffassung von der Göttlichkeit'."

"Ganz richtig!" rief Brahms, "Haeckel nennt sich selbst einen ernsten Sucher der Wahrheit, und doch setzt er eine Wirkung ohne Ursache voraus. Überall in den Wundern der Schöpfung sehen wir eine Wirkung. Sie hätte nicht ohne eine Ursache eintreten können, und ich betrachte jene Kraft, die wir Gott nennen, als erste Ursache. Tennysons Auffassung von der Schöpfung erscheint mir viel wissenschaftlicher als diejenige Haeckels. Der große Nazarener gab ein treffendes Beispiel gerade zu diesem Punkt in seiner vernichtenden Anklage der heuchlerischen Schriftsteller und Pharisäer in Matthäus 23, 24: 'Ihr verblendeten Leiter, die ihr Mücken seihet und Kamele verschluckt'!"

"Bravo, Johannes", rief Joachim, "dieser Vers aus Matthäus ist eine ausgezeichnete Erläuterung des Haeckelschen Standpunktes. Du findest immer so treffende Bibelstellen. Ich kenne die Heilige Schrift auch ziemlich gut, aber ich kann meine Gedanken nicht koordinieren und die passenden Verse so schnell wie du anführen. Haeckel behauptet, er habe die Wahrheit sein ganzes Leben lang ehrlich gesucht, und doch 'seihet er die Mücken und verschluckt Kamele'."

"Genau", bestätigte Brahms.

"Um wieviel würdiger unserer Nacheiferung ist doch die Lebensphilosophie Jesu als diejenige von Haeckel. Der Nazarener war nicht nur der Welt größter geistiger Seher, er war auch ein Mensch von riesiger Denkungsart. Irgendein literarisches Genie sollte unter dem Titel 'Jesus von Nazareths überraschende geistige Größe' ein Buch schreiben, aber es müßte ein Shakespeare oder ein Goethe sein, um einem so hohen Thema gerecht zu werden. Fahre doch mit deinem großartigen Bericht über Tennyson fort, Joseph! Brachte er weitere Einzelheiten über die Unsterblichkeit?"

"Ja, tatsächlich, und seine weiteren Enthüllungen erfüllen mich mit Verwunderung. Ich sagte zu ihm: 'Wir lesen so viel über die Seele im Neuen Testament. Welches sind Ihre diesbezüglichen Überzeugungen?'"

Diese Frage erweckte sein Interesse in ungewöhnlichem Maße, denn in seiner Antwort äußerte er eine so originelle Auffassung, daß sie mich stärker als alle anderen Worte an jenem unvergeßlichen Abend erstaunte. Hier folgen seine eigenen Worte: 'Da der Mensch hier auf dieser Welt eine Konzentration des allumfassenden Geistes in physischer Gestalt darstellt, muß er auch in der nächsten Welt ein abgetrenntes Teilstück jener gleichen erzeugenden Kraft sein. Mit anderen Worten: Die allmächtige, alles durchdringende Kraft spaltet sich sozusagen in einzelne Einheiten auf, die die Fähigkeit besitzen, ewig zu leben. Oder um meinen Gedanken besser auszudrücken: Sie ist der undifferenzierte göttliche Gedanke, der durch den langsamen Entwicklungsvorgang wirkt, bis er sich in besonderen Formen differenziert, die ein individuelles, bewußtes Leben und alle Merkmale des Ursprungs des Geistes aufweisen. Um ein grobes Beispiel aus dem Reich der Materie zu geben, könnten wir sie mit einem Tropfen Wasser aus dem Ozean vergleichen, der alle Bestandteile des Meeres enthält.

Wenn dieser Wassertropfen jedoch in das Meer zurückkehrt, wird er in das Ganze wieder aufgenommen. Für die Seele des Menschen trifft dies nicht zu. Wohl lehrt Buddha dies, aber ich halte es für einen schmerzlichen Irrtum. Die Seele bleibt auf der nächsten Ebene ein getrenntes, unabhängiges, einzelnes Etwas. Dies hatte ich im Sinne, als ich in meinem *Crossing the Bar* schrieb:

Doch eine solche Woge, die, ob sie sich auch
Bewegt, zu ruhen scheint
So voller Laut und Schaum,
Wenn das, was aus der unbegrenzten Tiefe kam,
Zurück nach Hause kehrt.

Dies, glaube ich, ist die Wahrheit und das, was der große Nazarener lehrte'."

Brahms setzte sich wieder ans Klavier und spielte das erste Thema aus der *Eroica*, wobei er sagte: "Dies ist meine Huldigung an Tennyson. Gab er dir, Joseph, irgendwelche Hinweise auf seine Auffassung über die Art der zukünftigen Stätte der Seele?"

"Ja, ich stellte ihm diese Frage, und seine Antwort war so einzigartig, daß sie mich wieder verwunderte. Er sagte: 'Der Himmel ist ein bestimmter Ort. In Johannes 14, 2 sagt Jesus zu seinen Jüngern: *Ich gehe hin, euch die Stätte zu bereiten.* Ein Freund von mir, ein erfahrener Gelehrter der griechischen Sprache, hält dies für eine falsche Übersetzung des vermutlichen ursprünglichen Textes: *Ich gehe zu einer Stätte, die der Vater für euch bereitet hat.* Das klingt einleuchtender. Während meiner verzücktesten Stimmungen erlebte ich einige seltene Augenblicke, als ich meine Gedichte schrieb, in denen es mir schien, als hätte ich flüchtige Blicke in jenes Reich getan; es erschien mir wie eine verklärte Erde. Ich sah prächtige Landschaften mit Wäldern und Seen, die schöner waren als irgend etwas auf dieser Welt, ich erkannte meine Eltern, die aussahen, wie ich sie auf Erden erlebte, nur ihre Gesichter waren viel schöner und leuchtender. Strahlen jugendlichen Feuers und des Glückes schienen von ihnen auszugehen.

Ich glaube nicht, daß diese kurzen Visionen nur Halluzinationen des Unterbewußtseins waren. Sie waren zu klar und lebhaft; sie waren so wirklich, daß mir plötzlich einfiel, was Paulus im ersten Korintherbrief 15, 44 den geistlichen Leib nannte, in Wirklichkeit ein natürlicher Leib ist - das heißt, er besteht aus Materie, nicht in ihrer groben Erscheinungsform, wie wir sie hier auf Erden kennen, sondern in einer verfeinerten Gestalt, die dennoch aus Äther, Licht, Atomen und Molekülen besteht. Ein solcher Körper wäre dem leiblichen Auge nicht sichtbar, aber er ist dem Auge des Geistes als besondere Form wahrnehmbar.'

Als der berühmte Dichter die Überraschung in meinem Gesicht sah, unterbrach er kurz und sagte: 'Mein lieber Joachim, ich sehe, der Gedanke entsetzt Sie, daß die unsterbliche Seele einen natürlichen Leib haben soll, aber wie könnte es anders sein? Wenn wir andersartige, differenzierte Wesenseinheiten im Himmel sein sollen, müssen wir eine Gestalt haben, und es gibt keine Gestalt ohne einen Körper. Wie ich Ihnen ausführte, ist die Erschaffung der Form das Ziel der Existenz, und die Form macht die Materie notwendig. Der unsterbliche Leib in der nächsten Welt wird der unvergängliche

Tempel der Seele sein bis zu den Atomen und Molekülen, aber nicht bis zu den chemischen Elementen. Diese meine Theorie ist noch nicht sehr alt, mein lieber Joachim.'

'Haben Sie diese Anschauung einem hohen kirchlichen Würdenträger unterbreitet?' fragte ich.

'Nein, noch nicht, aber ich will sie meinem Freund, dem Erzbischof von Canterbury, unterbreiten, wenn ich ein Gedicht fertiggestellt habe, an dem ich gerade arbeite. Dieses Gedicht wird meine Lehre sowohl in religiöser wie auch in wissenschaftlicher Weise Schritt für Schritt enthalten. Ich bin jedoch heute ein alter Mann, und meine Gedanken fließen nicht mehr so leicht wie früher. Gewiß, die Inspirationen kommen leicht, aber sie in die richtige Form innerhalb des Rahmens von Versen und Reimen zu bringen, ist für mich heute mühevoller als zur Zeit meiner höchsten Schaffenskraft.

Es ist mir klar, daß viele hohe Würdenträger der englischen Kirche über meine Theorie entsetzt sind, wir hätten als unsterbliche Wesen in der nächsten Welt stoffliche Körper, aber der Erzbischof ist ein toleranter Mensch. Er hat mir gegenüber oft seine große Bewunderung, wie ich in meinen Gedichten Religion und Wissenschaft verbinde, ausgedrückt, und ich bin überzeugt, daß er sich sehr für diese letzte Phase meiner schöpferischen Bemühungen interessiert. Kürzlich habe ich einem äußerst gebildeten und sehr intelligenten Laien meine Hypothese erläutert, und seine Reaktion interessierte mich umgeheuer. Er war sehr bewegt und rief: 'Nun, Lord Tennyson, wie könnte das möglich sein? Wenn wir in der nächsten Welt stoffliche Körper haben sollen, wären *wir allen Übeln, deren Erbe das Fleisch ist*, wie Shakespeare sagt, unterworfen. Sie wissen, daß dieser unsterbliche Dichter unsere Körper *dies schmutzige Kleid des Zerfalls* nannte. Wären wir nicht zu all diesem fürchterlichen Erbe verdammt, wenn Ihre Theorie richtig wäre?'

'Keineswegs', antwortete ich, 'alle Übel, auf die Shakespeare hinweist, verdanken wir den groben chemischen Elementen, aus denen unsere irdischen Körper bestehen. Nachdem wir *diese sterbliche Hülle abgestreift haben*, um Shakespeare noch einmal zu zitieren, bestehen unsere Körper aus jenen ersten Stufen des Schöpfungsvorgangs, den ich mit Darwin besprach - Äther, Licht, Atome und Moleküle -, das heißt aus den mehr ätherischen Formen der Materie, die der Erschaffung der chemischen Elemente vorangehen. Diese sind bestimmt nicht allen Übeln des Fleisches unterworfen, das dem nächsten Entwicklungsschritt nach der Erschaffung der Zelle folgt.'

Dann fügte Tennyson hinzu: 'Sehen Sie, mein lieber Joachim, jene Person, der ich diese Theorie erläuterte, hatte keine wissenschaftlichen Kenntnisse, obwohl sie hoch gebildet war und fest an die Unsterblichkeit glaubte; sie konnte mir also auf diesen Höhenflug der wissenschaftlichen Phantasie nicht folgen'."

An dieser Stelle des Gesprächs wandte sich Joachim an Brahms und sagte: "Johannes, schweifen wir nicht zu weit ab, oder möchtest du noch mehr über Tennysons Enthüllungen zu diesem Thema hören?"

"Auf alle Fälle! Erzähle weiter, Joseph!", antwortete Brahms. "Tennysons Offenbarungen stehen durchaus in Einklang mit dem Thema unseres Abends, und sie erwecken in mir erneut den schöpferischen Drang."

Nach diesen Worten setzte sich Brahms wieder ans Klavier und spielte eine kurze Improvisation, die eine wunderbare Begleitung zu seinem Wiegenlied abgegeben hätte. Danach saß er einen Augenblick tief in Gedanken versunken da und fügte dann hinzu: "Joseph, es ist mir ein großer Trost zu erfahren, daß ein so wissenschaftlicher und tiefer Denker wie Tennyson von einem künftigen Leben überzeugt war, über das Jesus so oft sprach, von wirklichen materiellen Körpern, die es uns ermöglichen, bestimmte, getrennte Einzelpersönlichkeiten zu sein. Dieser erhabene Gedanke eröffnet eine völlig neue Sicht auf unbegrenzte Möglichkeiten. Fahre bitte fort, Joseph, und berichte uns, welche weiteren Enthüllungen Tennyson an jenem Abend noch machte."

Worauf der berühmte Geiger in einem Taschennotizbuch nachschlug, aus dem er während des Abends schon oft zitiert hatte, und sagte: "Tennyson fuhr fort: 'Mein lieber Joachim, es wird Sie bestimmt interessieren, daß ich nicht nur die sehr orthodoxe Kirche von England, sondern auch eine andere Lehre zu bekämpfen habe, an die viele Leute besonders in Irland glauben. Kennen Sie den Bischof George Berkeley?'

'Nein', antwortete ich. 'Wer war er, und was machte er?'

'Er war ein irischer Prälat und Philosoph, der in der ersten Hälfte des 18. Jahrhunderts sehr große Aufmerksamkeit durch die Theorie auf sich lenkte, daß es in Wirklichkeit keine Materie gäbe, daß alle Wunder der Schöpfung, wie wir sie sehen, nur im Geiste existierten. Natürlich nehme ich die Berkeleysche Philosophie nicht ernst, weil ich wissenschaftlich denke. Jeder Naturwissenschaftler könnte leicht die monumentale Torheit seiner Philosophie beweisen, aber Berkeley hatte zu seiner Zeit eine große Anhängerschaft, obwohl er auch die Zielscheibe des Spotts war. Mich beschäftigt mehr die Opposition unter den hohen Würdenträgern der Kirche von England.

Mich fesselt das Verhalten des Erzbischofs von Canterbury meiner Lehre gegenüber. Sehen Sie, Joachim, es ist alles eine Frage der Evolution. Unsere physischen Körper wurden vom Schöpfer rein aus dem Gedanken entwickelt, und wenn wir im Leben nach dem Tode bestimmte, getrennte Wesensheiten sein sollen, so müssen wir eine Gestalt haben, das heißt Körper, und Körper, wie ich schon erwähnt habe, erfordern den Stoff. Als ich Ihnen aus meinem Gedicht *Der Höhere Pantheismus* zitierte, wies ich darauf hin, daß die Erschaffung der Form das Ziel des Lebens in dieser wie in der nächsten Welt sei. Unsere Körper in jenem Reich werden dem Geist wirklich und sichtbar sein, den wir auf jener höheren Ebene alle besitzen, obwohl natürlich, wie ich schon sagte, das physische Auge des sterblichen Menschen sie nicht sehen kann.

Ich bin glücklich, Joachim, daß Sie ein so lebhaftes Interesse an dieser Lehre zeigen und daß Sie sich Aufzeichnungen über meine Bemerkungen heute abend machen. Sie haben dann wenigstens einen schriftlichen Bericht darüber.

Vielleicht kann ich mein Gedicht nicht zu Ende führen; ich habe schon drei Entwürfe zerrissen'."

Hier schloß Joachim sein Tagebuch mit den Worten: "Als Tennyson am 6. Oktober 1892 starb, erschienen lange Nachrufe nicht nur in der gesamten englischen Presse, sondern in den Zeitungen der ganzen zivilisierten Welt. Etwas später wurde ein Verzeichnis seiner literarischen Schriften, das man unter seinem Nachlaß gefunden hatte, veröffentlicht, aber es enthielt keinen Hinweis auf dieses Gedicht. Ich schließe daraus, daß er es niemals beendete. In der Zwischenzeit hatte ich Tennysons Darlegungen mit der Maschine geschrieben, und bei meinem nächsten Besuch in England legte ich sie dem Erzbischof von Canterbury vor.

Nachdem er sie drei Tage behalten hatte, sagte er zu mir: 'Wenn ein Mann von geringerer Redlichkeit und von kleinerem Geist eine so neue Annahme formuliert hätte, würde ich sagen, daß sie keine ernsthafte Erwägung verdiene; aber Tennyson hat in so vielen seiner Gedichte einen so scharfsinnigen Einblick in das geheimnisvolle Wirken des Kosmos an den Tag gelegt, daß ich dazu neige, an diese seine letzte Enthüllung zu glauben. Tennyson ist der wissenschaftlichste unter allen britischen Dichtern. Ich halte *In Memoriam* für das hervorragendste Gedicht des 19. Jahrhunderts. Milton war natürlich ein größerer Dichter, aber in seiner überragenden Leistung, dem *Verlorenen Paradies*, war er zu sehr in die Theologie vertieft, um Anspruch auf wissenschaftliche Offenbarungen erheben zu können.'

'Was halten Sie von Tennysons Blick in den Himmel? Glauben Sie, daß unsere Körper dort aus Atomen und Molekülen gebaut sind?' fragte ich.

'Andere, sehr seltene Menschen haben ähnliche Visionen jener Stätte gehabt. Zwei meiner Freunde, die von ihrem Arzt für tot erklärt worden waren, erzählten mir, nachdem sie wieder erwacht waren, sie hätten Visionen gehabt, die denjenigen Tennysons vollkommen gleich waren. Swedenborg beschrieb den Himmel als eine verklärte Erde, wo alles eine Form hat, genauso wie es unser Freund behauptet. Ich bin überzeugt, daß Tennysons Blicke echt waren, weil sie so flüchtig waren.

Wir wissen aus Kants Forschungen über Swedenborg, daß er überweltliche Kräfte besaß. Er konnte zum Beispiel Ereignisse in einer Entfernung von Hunderten von Meilen genau im Augenblick ihres Geschehens beschreiben und vermochte Dinge zu sehen, die anderen unsichtbar blieben. Er tat dies alles mit dem inneren Blick der Seele. Alle diese Blicke waren freilich nur kurze Blitze. Swedenborg berichtete lange und eingehend über das Leben in jener anderen Welt und über ausgedehnte Unterhaltungen mit den Engeln. Das waren alles Halluzinationen des Unterbewußtseins, weil jene innere Vision nur flüchtige Blicke gewährt. Swedenborgs Buch *Der Himmel und die Hölle* ist deshalb meiner Meinung nach als Ganzes nicht lesenswert. Es enthält jedoch einige große Wahrheiten; er erklärt, der Himmel werde nicht allein durch den Glauben ohne Werke verdient, was ich auch meine. Er behauptet auch, der Mensch sei nach dem Tode im Besitz aller Sinne, aller Erinnerungen und Gedanken und aller Zuneigungen, die er in dieser Welt empfand. Ich erkenne auch diesen Satz an.

Was die Zusammensetzung unserer himmlischen Leiber betrifft, so stimme ich Tennysons Theorie zu.'

So endete mein Gespräch mit dem Erzbischof", sagte Joachim.

"Ich übersetze dir jetzt seine Worte, Johannes, was nicht so leicht ist, da er in ziemlich gehobenem Stil sprach."

Nach der Übersetzung ging Brahms wieder zum Klavier und präludierte einige Augenblicke.

"Welch ein wunderbares Erlebnis hattest du doch mit diesen beiden berühmten Männern, Joseph", rief er aus.

"Es ist eine liberale Erziehung in der Religion. Um nichts in der Welt hätte ich diese Ausführungen versäumen mögen."

Brahms und sein Interesse an meiner Heimatstadt

Nach dem Bericht über die erstaunlichen Enthüllungen, die Joachim von Tennyson erfahren hatte, war ich für seinen Rat doppelt dankbar, mich der Dienste eines zweisprachigen Stenographen zu versichern. Bevor er Berlin verließ, sagte er zu mir: "Ich an Ihrer Stelle würde zur amerikanischen Botschaft in Wien gehen und nach einem Stenographen fragen, der alles, was Sie bei Brahms hören werden, Wort für Wort, deutsch sowohl wie englisch, mitschreiben kann. Ein wörtlicher Bericht dieser Unterhaltung wäre für Ihr Buch sehr wertvoll."

Das tat ich, und danach las ich immer wieder die mit der Maschine geschriebenen Erklärungen der beiden berühmten Männer, lernte sie auswendig und dachte über die große Bedeutung des Gehörten nach. Fast alles, was sie sagten, war mir eine Offenbarung.

Nach einem weiteren Kommentar über das, was Tennyson Joachim mitgeteilt hatte, sagte Brahms zu mir: "Erzählen Sie mir Näheres über Norwich. Eine Stadt, die ein so großes Phänomen wie Daniel Home hervorbringt, interessiert mich ganz besonders. Wie groß ist der Ort? Und wie alt?"

"Es ist eine Kleinstadt mit nur 25 000 Einwohnern wie so viele andere Städte in Neu-England vergleichbarer Größe. Mit europäischen Städten verglichen, ist es neu. Als mein direkter Vorfahre Caleb Abell sich hier im Jahre 1668 niederließ, war es nur ein Weiler mit ein paar Häusern."

"Hat es sonst etwas Besonderes aufzuweisen außer dem Umstand, daß es die Heimatstadt des größten spiritistischen Mediums der Welt ist?"

"Das hängt davon ab, was Sie unter ‚Besonders' verstehen. Als der berühmte Häuptling der Sioux-Indianer, Sitting Bull (Der sitzende Stier), im Jahre 1883 nach Norwich kam - ich war gerade 15 -, meinte er, die Stadt sei sehr berühmt, weil der große Häuptling Uncas dort begraben liegt. Tatsächlich war dies und der große flache Felsen, auf dem Uncas seinen großen Gegner, den Häuptling Miantonomo, in einem einzigen Kampf erschlug, das einzige an Norwich, was ihn interessierte."

"Das interessiert auch mich ungeheuer, weil ich als Junge Coopers Lederstrumpf-Erzählungen verschlang. Alle Hamburger Jungen lasen sie in einer ausgezeichneten deutschen Übersetzung. 'Der Letzte der Mohikaner' war mein Lieblingsbuch und Uncas mein Ideal, aber Cooper erwähnt Connecticut nicht. Wie kommt das?"

"Er ging mit den Tatsachen sehr frei um und verlegte den Schauplatz anderswohin, aber der geschichtliche Uncas lebte wirklich in der Gegend, in der Norwich liegt, und ist dort an der Sachem-Straße begraben. Ein massiver Pfeil aus Granit, vier Meter hoch, steht auf seinem Grab. In der Stadt gibt es noch viele Erinnerungen an ihn; eine der führenden Banken heißt die ‚Uncas National Bank`."

"Ich sah Sitting Bulls Namen zum ersten Mal gedruckt in dem Bericht des Blutbades von Custer im Juni 1876. Ich erinnere mich noch gut an dieses Jahr, weil ich die letzte Hand an meine erste Symphonie legte, die ich hier in Wien in der folgenden Konzert-Saison herausbrachte. Aber wie kam ein so berüchtigter indianischer Häuptling in Ihre Heimatstadt?"

"Er kam mit der Wildwest-Schau des Buffalo Bill, und Uncas war der Magnet, der ihn nach Norwich zog. Buffalo Bill ließ sich am Grabe Uncas` photographieren. Er und seine ganze Indianerschar, die zur Schau gehörten, gruppierten sich um das Uncas-Denkmal. Jene Photographie wurde viel beachtet und überall in den Vereinigten Staaten in illustrierten Wochenzeitungen veröffentlicht. Buffalo Bill führte die Häuptlinge der Indianer auch an die Stelle, wo das Todesduell zwischen Uncas und Miantonomo stattgefunden hatte. Sie liegt ganz in der Nähe von Daniel Homes Haus. Als Junge ging ich oft hin."

"Kannten Sie Sitting Bull persönlich?"

"Ja, flüchtig. Buffalo Bill stellte mich und einige andere Jungen ihm vor."

"Sprach er Englisch?"

"Er verstand es ziemlich gut, sprach aber gebrochen."

"Kennen Sie irgendwelche authentischen Geschichten über ihn? Sie sind der erste, den ich bisher getroffen habe, der den berühmten Häuptling der Indianer kannte."

"Ja, im Jahre 1889, als ich Buffalo Bill wiedersah, erzählte er mir folgende Geschichte über Sitting Bull und die Königin Viktoria. Ich bringe die eigenen Worte des berühmten Indianers mit einigen Bemerkungen: 'Im Jahre 1886 brachte ich meine Wildwest-Schau nach England, wo sie eine Sensation hervorrief; besonders Sitting Bull wurde so stark beachtet, daß sogar das Interesse der Königin Viktoria in einem solchen Ausmaß geweckt wurde, daß sie den Wunsch ausdrückte, ihn zu sehen. So wurden der Häuptling und ich in den Buckingham-Palast eingeladen, wo wir in Anwesenheit eines großen Gefolges Ihrer Majestät vorgestellt wurden. Nun war Sitting Bull frei von allen Hemmungen; in allem, was er tat, war er sehr direkt und offen. Ungeachtet jeglicher Hofetikette ging er zur Königin, einer sehr kleinen, dicken Frau, legte seinen Finger auf ihren ziemlich hervorragenden Leib, schaute ihr in das erstaunte Gesicht und fragte mit kindlicher Einfalt: *Papoose*? (Baby?)

Sie hätten das Entsetzen in den Mienen der Höflinge erleben sollen, als sie ihre verehrte Königin in solch unehrerbietiger Weise behandelt sahen. Die Königin selbst schien es jedoch als Scherz aufzufassen; sie wußte, daß sie es mit einem Wilden zu tun hatte, lächelte und schüttelte den Kopf. Dann versuchte sie, ihn abzulenken, indem sie ihm verschiedene Fragen stellte, aber er antwortete nur mit eintönigem Brummen. Schließlich sagte sie:

'Nun, Häuptling, wie gefällt Ihnen England?'

Zum ersten Mal zeigte er Interesse und schnaubte: 'Nicht mögen, nicht mögen England, nicht mögen England.'

'Aber warum mögen Sie es nicht?'

'Nicht mögen Land, regiert von Squaw. Du holen großen Häuptling'.

Die Königin und ihr ganzes Gefolge lachten hellauf, denn sie kannten alle die untergeordnete Stellung einer Frau bei den amerikanischen Indianern."

"Das ist eine köstliche Geschichte", rief Brahms, "und ich bestehe darauf, daß Sie sie in Ihrem Buch bringen."

"Aber Dr. Brahms, was hat denn Sitting Bull oder die Königin Viktoria mit Inspiration zu tun?"

"Nichts. Dennoch bitte ich Sie, daß Sie die Geschichte veröffentlichen; sie belebt Ihr Buch. Ich kann mir vorstellen, daß der berühmte Indianer dem königlichen Gefolge genügend Gesprächsstoff lieferte."

"Zweifellos", fügte Joachim hinzu. "Ich habe mehrere Male vor der Königin gespielt. Sie liebte die Musik, und kurz nach ihrer Thronbesteigung im Jahre 1837 erteilte ihr Mendelssohn Unterricht an der Orgel. Mir kam aber das Leben am Buckingham-Palast immer außerordentlich steif und förmlich vor. Sitting Bull dürfte die dumpfe Eintönigkeit unterbrochen haben. Ich habe mich oft gefragt, wie diese Sioux-Häuptlinge zu solch anschaulichen Namen kamen. Wissen Sie darüber Bescheid, Mr. Abell?"

"Ja, bevor sie Häuptling werden, fasten sie drei Tage in einer Höhle; wenn sie herauskommen, werden sie nach dem ersten Ding benannt, das sie sehen. Der eine schaut zum Beispiel auf einen Stier, der auf den Schenkeln sitzt; ein anderer sieht eine rote Wolke bei Sonnenuntergang; der dritte schaut in den Himmel hinauf, während es ihm ins Gesicht regnet."

"Wie einfach", meinte Brahms, "und wie charakteristisch für eine primitive Rasse. Doch nach diesem erheiternden Zwischenspiel wollen wir zu unserer ursprünglichen Frage - Inspiration - zurückkehren."

Brahms, Tartini und der Teufel

Brahms zog dann aus einer Mappe das Bild des Teufels, der Tartini vorspielte, und führte aus: "Tartini hatte den richtigen Gedanken, aber er beschwor eine teuflische statt einer himmlischen Muse - wie Beethoven und ich es getan haben -, als er sein berühmtestes Stück, *die Teufelstriller-Sonate*, komponierte. Unmittelbar vor dem Schlafengehen hatte er die Faust-Legende gelesen und sah in seinem Traum den Teufel statt den Erzengel Gabriel oder irgendeinen anderen himmlischen Boten, den er hätte erblicken können, wenn er Milton statt Faust gelesen hätte. Der Grundsatz ist jedoch derselbe, und wir erkennen in Tartinis Traum ein großartiges Beispiel für das Gesetz der Suggestion. Sein Unterbewußtsein war in bemerkenswerter Weise durch die Lektüre des Faust, der als Preis für seine Verjüngung dem Teufel seine Seele vermacht hatte, angeregt worden. Tartini selbst erklärte, daß das, was er zu Papier bringen konnte, nur ein schwaches Echo dessen darstelle, was er in seinem Traum gehört hatte - daß die schönsten Teile beim Erwachen verblaßt wären.

Ich zog eine wertvolle Lehre aus dieser Erfahrung Tartininis, nämlich die, daß man nie das Bewußtsein vollständig verlieren sollte, wenn man sich in jenem Zustand der Halbtrance befindet, da sich sonst die Gedanken verflüchtigen. Was hältst du von der Tartini-Sonate, Joseph?"

"Sie ist eines der eingebungsreichsten Stücke, die jemals ein Geiger komponierte, und in gewisser Hinsicht recht schwierig. Aus der Schilderung, die Quantz über Tartinis Spielweise gab, wissen wir auch, daß er ein großer Virtuose war, obgleich er nicht, wie später Paganini, die höheren Lagen des Griffbretts ausnützte. Aber, Johannes, berichte uns, was du noch von Tartini lerntest. Das wird die Leser des Buches unseres Mr. Abell sicher interessieren."

"Es läuft alles auf die große Verkündigung, die Jesus in Johannes 14, 10 machte, hinaus. Tartini, Mozart, Bach und Beethoven waren lebende Beispiele dieser erhabenen Wahrheit. Wenn ich mich anschicke, in jenen traumähnlichen Zustand einzutreten, den Mozart beschrieben hat, betrachte ich oft dieses Bildnis des Teufels, wie er vor Tartini spielt, weil es eine wunderbare Illustration des gewaltigen

Einflusses der Suggestion darstellt. Tartinis Traum war jedoch zu tief, so daß ihm die schönsten Teile dessen, was er vernommen hatte, verlorengingen.

Es ist äußerst wichtig, die Gedanken sofort zu Papier zu bringen. So sind sie festgehalten und können nicht entschwinden. Wenn ich sie dann wieder vornehme, rufen sie die gleiche Stimmung wach, die sie entstehen ließ. Es ist dies ein sehr wichtiges Gesetz, Joseph."

"Aber Johannes", widersprach Joachim, "Jesus hat nie etwas aufgezeichnet, und doch behielt er alle ihm eingegebenen Gedanken, die die Menschheit seit fast zwei Jahrtausenden so tief beeindruckt haben, im Gedächtnis. Wie verträgt sich diese Tatsache mit deiner Behauptung, es sei notwendig, die Ideen sofort zu Papier zu bringen?"

"Du rührst an die größte Frage, Joseph. Gerade diesen Punkt erklärt Hudson wissenschaftlich. Nach ihm war der große Nazarener der einzige Mensch der ganzen Geschichte, der das Bewußtsein und das Unterbewußtsein synchronisieren konnte. Diese sind ja nicht gleichzeitig auf der Bildfläche; wenn das eine auftritt, verschwindet das andere; folglich scheint die Synchronisation unmöglich, und dennoch brachte Jesus sie fertig. Hudson beweist, daß diese von den heutigen Psychologen das Unterbewußtsein genannte Wesenheit ein Funke der Göttlichkeit ist und nicht ein versunkener Teil des Bewußtseins, wie die Materialisten es behaupten. Deshalb hat es allmächtige Kräfte; wer sie sich aneignen kann, kann Wunder tun, wie zum Beispiel Daniel Home, der sie freilich, im Gegensatz zum Nazarener, nicht bewußt vollbringen konnte.

Für mich als Komponisten wäre es gänzlich zwecklos, mich in jenen hypnotischen Zustand zu versetzen, in dem Daniel Home sich befand, als er seine großen Taten ausführte, die die Welt so sehr in Erstaunen setzten. In diesem Zustand würden mir wohl wunderbare Offenbarungen und eingebungsreichere Gedanken, als sie irgendeinem Komponisten verliehen wurden, zuteil, aber es wäre alles ganz vergeblich, weil ich jene Geheimnisse nicht mit zurückbrächte, wenn ich das Bewußtsein wieder erlangt hätte. Hudson beweist immer wieder, daß dies unmöglich ist, außer man besitzt die Fähigkeit zur Synchronisation.

Traumerlebnis Tartinis, das ihn zum Komponieren der später weltberühmt gewordenen Teufelstrillersonate inspirierte.

Johannes Brahms 1896
Eines der wenigen Bilder, die von ihm mit seiner Unterschrift versehen wurden.

Brahms (sitzend) und sein Freund Joachim im Jahre 1860.

Brahms spricht über seine Verehrung für Shakespeare und Milton

Du mußt wissen, Joseph, daß Milton, Shakespeare, Tennyson, Bach und Beethoven das Bewußtsein nie ganz verloren, wenn sie in jenen Grenzbereich traten. Ich bin mir dessen wohl bewußt; wenn ich die Arbeit an einer Komposition beginne, achte ich immer sehr darauf, in diesem Zustand der Halbtrance wach zu bleiben."

An dieser Stelle des Gesprächs schaltete sich Joachim mit den Worten ein: "Ich bin froh, daß du Shakespeare unter jenen großen Geistern erwähnst, Johannes, weil er bei der Enthüllung seiner Inspirationsquelle nicht so weitschweifig wie Milton verfuhr, obwohl ihm die Eingebung in höherem Maße zuteil wurde. Im *Verlorenen Paradies* wiederholt Milton mehrmals, wie sehr er sich bewußt sei, daß eine höhere Macht ihm die Feder führe. In den Eingangsversen des Buches IX sagt er zum Beispiel:

Kann ich erlangen angemessenen Stil
Von meiner Schutzherrin im Himmel droben,
Die unerfleht mich nächtlich heimsucht,
Im Schlummer mir diktiert und mühelos
Mir meine Stegreifverse inspiriert."

"Das ist ungeheuer wichtig, stammt es doch von einem so großen Dichter wie Milton", warf Brahms ein, "aber er irrte sich, als er von seinen unangeflehten Heimsuchungen schrieb, weil kein anderer Dichter der gesamten Weltliteratur jemals die Muse in so wunderbarer Weise wie Milton in den allerersten Zeilen des *Verlorenen Paradieses* anflehte oder anrief. Diese dreifache Beschwörung war für mich immer eine mächtige Anregung, Joseph, seitdem du mich in die reiche Welt Miltons in bezug auf diese überaus wichtige Frage einführtest. Aber wir kommen später darauf zurück, wenn ich Mr. Abell mehr darüber berichte, wie ich bei meiner Kompositionsarbeit die Muse anrufe. Ich habe dich abgelenkt, Joseph. Was wolltest du über Shakespeare sagen?"

"Ich meinte, daß Shakespeare, obwohl er weniger wortreich als

Milton war, dennoch wohl wußte, daß eine höhere Macht durch all die Jahre hindurch, in denen er seine unsterblichen Dramen schrieb, ihm die Feder führte, und er hat uns eine kurze, aber besonders wichtige Aufzeichnung dieser erstaunlichen Tatsache hinterlassen. Seine allerletzten für die Veröffentlichung bestimmten Zeilen lauten:

Nun liegen meine Zauber all darnieder,
Was mir an Kraft noch bleibt,
Ist wohl mein eigen;
Doch ist´s recht schwach."

"Wundersame Worte, wenn man bedenkt, daß der größte Dramatiker der Welt sie niederschrieb", sagte Brahms dazu. "Milton legte ein sehr ähnliches Bekenntnis ab, das du mir vor einigen Jahren einmal vorlasest. Erinnerst du dich daran, Joseph?"

"Ja, Johannes. Du meinst wohl die Stelle, in der er seiner Angst vor der Hilflosigkeit Ausdruck verleiht, in die er geraten würde, wenn die Muse sich von ihm abwenden sollte. Sie steht auf der zweiten Seite des Buches, in dem er von den Heimsuchungen seiner himmlischen Schutzherrin berichtet, und lautet folgendermaßen:

...bleibt noch ein stärk´res Argument,
allein genug den Namen zu erhöh´n,
so nicht das Alter, Kälte, Klima oder Jahre
den Höhenflug mir dämpfen;
gar viel vermögen sie, wenn alles mein,
nicht ihr, die nächtlich es mir raunt ins Ohr."

Nachdem Joachim dies übersetzt hatte, setzte sich Brahms wieder ans Klavier, schlug einige kräftige Akkorde an und rief dann aus: "Welch außergewöhnlicher Zufall, daß die zwei von der Eingebung am reichsten gesegneten literarischen Genies der Welt dasselbe Gefühl hatten, daß eine überirdische Kraft ihnen diktierte, wenn sie in ihren Wachträumen in diese erhabenen Höhen stiegen. Die Universalität des in Jahrtausenden denkenden Barden am Avon und die Erhabenheit Miltons erfüllen mich immer mit Staunen; ich denke oft an sie, bevor ich etwas Neues beginne."

Warum glaubte Brahms an die Unsterblichkeit?

"Dr. Brahms", erlaubte ich mir zu fragen, "Sie haben so viel Interesse an der wissenschaftlichen Seite der Gedichte Tennysons hinsichtlich des zukünftigen Lebens gezeigt, daß mir der Gedanke kam, Sie könnten vielleicht Ihre feste Überzeugung, daß wir Menschen unsterblich seien, auf wissenschaftliche Tatsachen gründen. Verhält es sich so?"

"Ja, aber es sind keine Tatsachen, die die materialistischen Wissenschaftler wie Haeckel und Huxley anerkennen werden.

Mein Glaube gründet sich hauptsächlich auf die unleugbare Tatsache, daß alle Völker aller Zeiten und aller Zonen immer am Glauben an ein Leben jenseits des Grabes festgehalten haben, das heißt die geistig fortgeschritteneren Führer solcher Völker. Es gibt natürlich immer einige, die nicht an ein künftiges Leben glauben, aber das spielt keine Rolle; die Tatsache, daß so viele verschiedenartige und weit verstreute Völker des Altertums daran glaubten, ist für mich der Beweis, daß dieser Glaube den Menschen vom Schöpfer eingegeben worden ist."

"Wie drückten diese alten Völker ihren Glauben an ein zukünftiges Leben aus?" fragte ich.

"Sie gaben ihren Toten Waffen, Kleidungsstücke und verschiedene Utensilien des täglichen Gebrauchs mit ins Grab; sie glaubten, die Toten würden diese Dinge in der nächsten Welt brauchen. Alte Grabstätten und die vielen verschiedenen Bestattungsarten der Toten offenbaren uns die Hoffnung, die die Völker lang verschwundener Kulturen auf ein zukünftiges Leben hegten.

Ich kenne hier in Wien einen russischen Freund, der fließend Deutsch spricht; er hat kürzlich einige sehr alte russische Chroniken studiert und berichtet, daß diese alten Slawen vorchristlicher Zeit Begräbnisriten beobachteten, die mit denjenigen der Druiden im alten Gallien zur Zeit Julius Cäsars fast vollkommen übereinstimmten."

"Offensichtlich glaubten diese alten Stämme alle an die Auferstehung des physischen Leibes", warf Joachim ein, "genauso wie es bei den früheren Ägyptern der Fall war; ihre Mumien sind stumme, aber beredte Zeugen dieser Tatsache. Die alten Slawen und Gallier waren in ihrer Kultur noch nicht sehr weit fortgeschritten und besaßen keine technischen Möglichkeiten, ihre Toten zu balsamieren."

"Richtig", erwiderte Brahms, "ich habe oft über die Zähigkeit dieses alten Glaubens, wie das Glaubensbekenntnis der Apostel bezeugt, gestaunt."

Dann wandte er sich an mich und fügte hinzu: "Eines der wunderbarsten Beispiele für die allgemeine Verbreitung des Glaubens an ein Weiterleben läßt sich bei Ihren amerikanischen Indianern finden, die von der gesamten übrigen Menschheit vollkommen getrennt lebten und doch von dem Großen Geist und dem glücklichen Jagdgebiet sprachen, wo sie nach ihrem Scheiden aus dieser Welt jagen würden. Ihre Vorstellungen vom Himmel waren wohl primitiv, aber man kann feststellen, daß die Vorstellung von jenem Reich immer durch den Stand der Kultur bei den Völkern, die an ein künftiges Leben glaubten, gefärbt wurden. All dies ist jedoch unwichtig; worauf es ankommt, ist die allgemeine Verbreitung jenes Glaubens an ein zukünftiges Leben."

Bei diesem Stand des Gesprächs schlug ich vor: "Meine Herren, würde es Sie interessieren, was der große Kommentator Miltons, Addison, über jenes instinktive Sehnen schrieb? Mein Großvater mütterlicherseits, Pfarrer von Beruf, erklärte immer, dies sei der schönste, sonderbarerweise wenig bekannte Beweis in der englischen Sprache hinsichtlich des großen Problems."

"Lassen Sie ihn uns hören, unter allen Umständen", rief Brahms, "man kann nie Erkenntnisse genug über diese außerordentlich wichtige Frage gewinnen."

"Er steht in Addisons *Cato"*, antwortete ich. "Nachdem er Platos Abhandlung über die Unsterblichkeit gelesen hatte, spricht er zu sich selbst:

Es muß so sein, Plato, du denkst ganz richtig,
Woher käm´ sonst die schöne Hoffnung
Dieses liebevoll Verlangen,
Dies Sehnen nach Unsterblichkeit?
Woher geheime Furcht und inneres Entsetzen,
Ins Nichts hinabzustürzen?
Warum der Seele Zucken

Und tiefer Schreck vor ihrem Untergang?
Es regt sich Göttliches in uns;
Der Himmel selbst weist hin auf künft´ges Leben
Und kündet, Mensch, die Ewigkeit dir an."

Nachdem Joachim dies übersetzt hatte, ging Brahms zum Klavier und schlug stehend einige Akkorde im Fortissimo an, wobei er sagte: "Dies ist meine Ehrung für Addison. Wir haben nichts Gleichartiges in unserer deutschen Sprache. Es ist einfach großartig."

"Auch in der englischen Literatur findet sich nicht Vergleichbares", sagte Joachim, "und ich bin erstaunt, daß ich es noch nie zuvor gehört habe."

"Dr. Brahms", sagte ich, "wir haben in Amerika eine religiöse Gemeinschaft, die "Universalisten". Die Mitglieder dieser Sekte lehren, daß alle Menschen schließlich gerettet werden, nachdem sie die gerechte Strafe für ihre Missetaten erhalten haben. Glauben Sie das?"

"Es gibt keine biblische Rechtfertigung für eine solche Theorie. Wer ist unser zuverlässigster Führer, unsere höchste Autorität in Dingen, die zu dieser obersten Frage gehören? Der einzigartige Nazarener, der mehr darüber wußte als irgendein anderer Mensch, der je auf dieser Erde schritt, weil er der Welt größter Prophet war. Er drückte sich in klaren Worten in Matthäus 7, 13 und 14 aus: 'Gehet ein durch die enge Pforte. Denn die Pforte ist weit, und der Weg ist breit, der zur Verdammnis abführt; und ihrer sind viele, die darauf wandeln. Und die Pforte ist eng, und der Weg ist schmal, der zum Leben führt; und wenige sind ihrer, die ihn finden.' Dies waren keine eitlen Worte der Theologie."

"Was geschieht Ihrer Schätzung nach mit jenen, die ihn nicht finden?" fragte ich.

"Statt Ihnen meine eigene Meinung darüber mitzuteilen, möchte ich auf den Glauben eines der führenden protestantischen Geistlichen aus Hamburg verweisen, der jahrelang mein Freund war. Ich sprach einmal mit ihm über diese Frage, und dies war seine Antwort: 'Ich bin fest davon überzeugt, daß Jesus in Mätthäus 7, 13 und 14 eine monumentale Wahrheit verkündet. Ich glaube, daß es drei bestimmte Abschnitte im Schicksal der Menschheit nach dem Tode gibt: 1. Auslöschung der Neutralen; 2. Bestrafung der Bösen; 3. Belohnung und ewiges Leben für jene, die ein ehrbares, aufbauendes Leben führen und die Gebote halten, besonders die letzten fünf, auf denen unsere ganzen menschlichen Gesetze beruhen. Dies ist mein Glaubenbekenntnis'."

"Was verstand Ihr Freund unter den *Neutralen?"*

"Er meinte damit die Millionen von Männern und Frauen, die nie über das künftige Leben nachdenken oder die nicht daran glauben; die nur für den Augenblick leben. Dieser Mann war ein sehr gebildeter Theologe, von dem ich eine viel höhere Meinung als von Harnack habe."

Brahms und des englischen Dichters Milton Anrufung der Muse

"Nun, Joseph, nachdem wir jetzt über die Unsterblichkeit gesprochen haben", sagte Brahms, "wollen wir zu Milton und seiner Anrufung der Muse zurückkehren. Du erinnerst dich bestimmt noch, wie begeistert ich war, als du zum ersten Mal die Anfangsverse des *Verlorenen Paradieses* übersetztest. Zitiere bitte jene Zeilen auf Englisch, und ich werde Mr. Abell einige Hinweise geben. Ich kenne die deutsche Übersetzung so gründlich, daß ich jedem Wort des Originals folgen kann."

Worauf Joachim zitierte:

Besing´, o Himmelsmuse, die auf Horebs
Oder auf Sinais verborgnem Gipfel einst
Den Hirten entflammte, der zuerst belehrt
Das auserwählte Volk, wie Erd´und Himmel
Am Anfang aus dem Chaos sich erhob.

"Nun weiß natürlich jeder Kenner der Bibel", erläuterte Brahms, "daß Milton auf jene Muse Bezug nimmt, die Moses inspirierte, die Schilderung der Schöpfung im ersten Kapitel der Genesis niederzuschreiben. Es ist ein wunderbarer Beginn, aber, wie wir sehen werden, begnügt sich Milton damit nicht. Lies bitte weiter, Joseph."

Von dorther, oder wenn des Sion Hügel,
Siloahs Quell, der bei des Herrn Orakel
Hinfloß, dich mehr erfreut, so ruf´ ich dich
Von dort herab, mein kühnes Lied zu weih´n,
Das nicht gemeinen Flugs Aeoniens Berg
Mit solchen Dingen überschweben will,
An die sich Vers und Prosa nie gewagt.

"Dies ist kompliziert, lieber junger Freund, und bedarf des Kommentars und der Erläuterung. Hier inspirierte der große Dichter die Psalmisten und auch Salomon, die Sprüche aufzuzeichnen, die Weisheiten enthalten, die in allen Zeiten gelten. Bemerken Sie die wunderbare Steigerung, den kühnen Flug der Phantasie; denn Milton zögerte nicht zu erklären, er beabsichtige, eine Erzählung zu schreiben, wie sie noch kein Sterblicher je versucht habe; und es gelang ihm meiner Meinung nach, denn das *Verlorene Paradies* ist das größte in englischer Sprache jemals verfaßte epische Gedicht. Der Aeonische Berg ist natürlich der Parnaß in Griechenland, wo die neun Musen wohnten.

Aber Milton ist noch nicht zufrieden, denn er ruft jetzt eine noch höhere Inspirationsquelle an - die größte von allen, Gott den Allmächtigen selbst. Beachten Sie die ungeheure, sich steigernde Wirkung!" Brahms wandte sich an Joachim und bat: "Lies nun bitte die dritte Anrufung, Joseph."

Vor allem Du beseele mich, o Geist,
Der offne Herzen mehr als Tempel liebt:
Du bist allwissend, warst vom Anbeginn
Und ruhest brütend einer Taube gleich
Mit mächtig ausgespreiztem Flügelpaar,
Den ungeheurn Abgrund fruchtbar machend.
Was in mir dunkel ist, erleuchte Du,
Was in mir niedrig, heb´ und stütze Du;
Daß ich gemäß dem hohen Gegenstand,
Die Wege Gottes zu den Menschen preisend,
Die ewige Vorsehung verteid´gen mag.

Danach ging Brahms zum Klavier und spielte mit großem Genuß das zweite Thema aus dem Schlußsatz der *Fünften Symphonie* von Beethoven, wobei er äußerte: "Nichts Geringeres als dieses großartige Thema kann dieser dritten Anrufung der Muse gerecht werden. Nichts in der gesamten Weltliteratur kommt ihr gleich. Die dreifach sich steigernde Wirkung ist unbeschreiblich und ein einzigartiges Denkmal für Miltons transzendentalen Geist. Ich schöpfe seit Jahren daraus für meine Kompositionen die Inspiration."

Brahms spricht über allgemeine Voraussetzungen für musische Schöpfungen

Brahms wandte sich jäh an mich und fügte hinzu: "Verfallen Sie aber nicht in den Fehler, lieber junger Freund, etwa zu meinen, daß es damit abgetan sei, weil ich der Inspiration von oben solche Bedeutung beimesse; durchaus nicht. Der Aufbau ist ebenso wichtig, denn ohne handwerkliche Fertigkeit ist die Inspiration 'nur ein Schilf im Wind' oder 'klirrend Erz oder klirrende Zimbeln'.

Hier wiederum gab mir Beethoven das Stichwort, der sowohl Inspiration wie Kunstfertigkeit in einem unübertrefflichen Maße besaß. Ich habe fleißig an allen meinen größeren Werken gearbeitet. Ich begann meine erste Symphonie im Jahre 1855 und legte die letzte Hand daran erst 1876. Was halten Sie davon? Ich kenne keinen anderen Komponisten, der 21 Jahre an einem Werk arbeitete."

"Aber Johannes", entgegnete Joachim, "du schriebst während dieser zwei Jahrzehnte auch viele andere große Werke und Dutzende von kleinen Stücken. Ich erinnere mich, daß du das *Deutsche Requiem*, das *Klavier-Quintett*, die *Rhapsodie für Alt, Männerchor und Orchester*, die zwei *Streichquartette in c-Moll* und *a-Moll*, die du Billroth widmetest, komponiert hast; das *c-Moll-Klavierquartett*, das *Schicksalslied für Chor und Orchester*, das *B-Dur-Streichquartett, Opus 67*, und die zwei Bände *Variationen über Paganinis 24. Caprice*, um nur einige zu nennen."

"Bravo, Joseph! Ich weiß, daß du ein phänomenales Gedächtnis hast, aber es imponiert mir doch, daß du auf der Stelle so viele meiner größten Werke, die in jenen 20 Jahren entstanden, aufzählen kannst. Es stimmt ganz genau. Du befürchtest wohl, ich brächte Mr. Abell auf den Gedanken, daß ich unablässig und unaufhörlich an meiner ersten Symphonie arbeitete; ich freue mich, daß du diesen Eindruck richtiggestellt hast. Ich möchte dir jedoch die tiefe Wahrheit einprägen, daß meine Komposition nicht die Frucht der Inspiration allein, sondern der ernsten, mühevollen und gewissenhaften Arbeit ist; ich möchte, daß die Leser seines Buches erkennen, daß ein Komponist, der etwas von bleibendem Wert zu schreiben hofft, Inspiration sowohl wie handwerkliches Können besitzen muß."

"Gerade diese Verbindung, Johannes, sichert deinen Schöpfungen einen hohen und dauerhaften Platz in den Annalen der Musik - einen Platz neben Bach, Händel, Mozart und Beethoven."

"Wenn die Leser Ihres Buches von meinen Erfahrungen beim Komponieren einen Nutzen haben sollen, Mr. Abell, muß ich auf eine weitere Seite der Kunst mit großem Nachdruck verweisen, nämlich die Abgeschlossenheit. Ich kann nicht einmal den Versuch machen, etwas zu komponieren, wenn ich nicht weiß, daß ich nicht unterbrochen oder gestört werde. Meine Haushälterin, Frau Truxa, hat hier in Wien dafür gesorgt, daß niemand während meiner Arbeit hereinplatzt. Die Muse ist ein sehr eifersüchtiges Wesen, wie Jehova in den Geboten, und entflieht bei der geringsten Veränderung. Ich wurde einige Male unterbrochen, was verhängnisvolle Wirkungen hatte. Du erinnerst dich, Joseph, an den Zwischenfall mit der Leiter, bei dem ich beinahe jenen neugierigen jungen Mann umgebracht hätte, der sich dummerweise einbildete, er könne etwas vom göttlichen Funken in sich aufnehmen, wenn er mich bei der Arbeit beobachte.

Ein weiterer Fall, von dem ich dir nie etwas erzählt habe, Joseph, war ein Lied, das ich begann, aber nie vollendete, weil ich während der Arbeit gestört wurde. Ich verbrachte einen Teil des Sommers im Jahre 1876 auf der Insel Rügen in der Ostsee, wo ich Xaver Scharwenka traf. Durch mich lernte er das russische Mädchen kennen, das er heiratete. Einige Jahre später übersandte mir Scharwenka ein kurzes Gedicht aus nur zwei Versen, die von einem Bewohner von Rügen geschrieben waren. Das Gedicht weckte mein Interesse so stark, daß ich es vertonen wollte. Scharwenka nannte mir den

Namen des Dichters nicht, er sagte nur, er sei jung gestorben und wäre vielleicht ein zweiter Schiller geworden. Ich zitiere nun die beiden Verse:

Du warst vor unseren Menschentagen,
Nach Menschentagen wirst Du sein,
Vielleicht flichtst dann der Menschheit Klagen
Du sinnend Deinen Liedern ein.
Du lehrst verachten Leid und Glück,
Du Puls des Weltalls, Spott der Zeit,
Du rollst heran, Du rollst zurück,
Ein Pendelschlag der Ewigkeit."

"Ein schönes Gedicht", rief Joachim aus. "Scharwenka hat recht; diese zwei Verse sind eines Schillers würdig. Wie schade, daß du sie nicht ganz vertontest, Johannes, es wäre ein ausgezeichnetes Begleitstück zu jenem früheren Lied *O versenk dein Leid in die See* geworden, das du komponiertest, als du erst 18 warst, zwei Jahre bevor ich dir zum ersten Mal begegnete. Warum hast du es nie beendet?"

"Ich war mit dem ersten Vers beinahe fertig, als ich roh unterbrochen wurde. Ich arbeitete damals in meiner Sommerwohnung und konnte trotz mehrerer Versuche nicht wieder in die richtige Stimmung kommen. Jedesmal, wenn ich es versuchte, quälte mich die Erinnerung an diese Störung wie eine gespenstische Vision, und schließlich gab ich es auf. Ihr seht, meine lieben Freunde, wie fatal eine Unterbrechung sein kann; meine eigene Erfahrung geht dahin, daß, je tiefer ich in Arbeit versunken war, um so verhängnisvoller eine Unterbrechung sich erwies. Aber im ganzen blieb ich recht verschont von solch ärgerlichen Erlebnissen."

Die unfruchtbaren Bemühungen vieler Komponisten

"Dr. Brahms, welcher Prozentsatz unter den gegenwärtig lebenden Komponisten steht Ihrer Meinung nach wirklich mit der Gottheit in Verbindung?" wagte ich zu fragen.

"Meiner Erfahrung nach sind nicht mehr als zwei Prozent wirklich inspiriert. Diese Schätzung beruht auf der großen Zahl von Manuskripten, die mir zugeschickt werden. Ich selbst sehe nie mehr als fünf Prozent davon, weil sie einer Berücksichtigung nicht wert sind, aber ich habe zwei begabte junge Komponisten, Studenten des Wiener Konservatoriums, angeleitet, den Weizen von der Spreu zu trennen; sie unterbreiten mir nur die sehr wenigen, die ein wirkliches Können verraten. Einige von ihnen haben inspirierte Ideen, aber es fehlt ihnen der Aufbau; andere besitzen den Aufbau, aber es mangelt an Inspiration. Wie ich schon gesagt habe, hat keine Komposition eine lange Lebensdauer, wenn sie nicht Inspiration sowohl wie handwerkliche Tüchtigkeit aufzuweisen hat."

"Nenne ein konkretes Beispiel, Johannes", sagte Joachim. "Wenn Mr. Abells Buch erscheint, werden seine Leser in späteren Jahren sich bestimmt für deine Meinung über diese so wichtige Frage interessieren."

"Gut, nehmen wir Anton Rubinstein. Als Pianist war er ganz groß; sein Spiel erfüllte mich immer mit der höchsten Bewunderung. Als Komponist war er jedoch ganz klar nur zweit- oder drittrangig. Warum? Weil es ihm an der handwerklichen Geschicklichkeit fehlte. Er besaß die Gabe für die Melodie, und seine Ideen sind manchmal wirklich inspiriert. Seine größten Werke sind aber nur lose zusammengeworfen und dürftig gebaut; er schrieb Opern, Oratorien, Konzerte, Symphonien, aber ich kann voraussagen, daß keines 50 Jahre nach seinem Tod noch aufgeführt wird, eben wegen ihres geringen handwerklichen Wertes."

"Erzähle Mr. Abell, wie du über August Bungert denkst, der heute so beliebt ist", sagte Joachim.

"Bungerts Kompositionen sind nur mit dem bewußten Geist geschrieben; sie sind reine Gehirnarbeit, aber es fehlt ihnen gänzlich die

Inspiration. Er hat Größenwahn. Ich habe mit ihm gesprochen und weiß, wovon ich rede. Er bildet sich ein, er sei ein zweiter Richard Wagner; er ist überzeugt, daß seine musikalische Fassung der *Odyssee* ebenso bedeutend wie Richard Wagners *Ring* ist. Nikisch, Weingartner, Richter und andere große Dirigenten sind sich Bungerts Mängel wohl bewußt, aber sie müssen heutzutage Auszüge aus seiner *Odyssee* auf das Programm setzen, weil man die Beliebtheit seiner Werke künstlich geschaffen hat und das Publikum sie verlangt. Aber ich versichere dir, Joseph, daß sie nicht lange leben werden; er wird viel früher als Rubinstein in Vergessenheit geraten, weil der Russe wirklich viele schöne Melodien aufzuweisen hatte, während Bungerts Ideen wüst, unfruchtbar und langweilig sind."

Wie recht hatte doch Brahms mit dieser Prophezeiung! In den neunziger Jahren stand Bungerts Name auf jedem Programm, aber als ich 1918 Europa verließ, war er gänzlich vergessen. Was Anton Rubinstein betrifft, steht heute kein einziges seiner größeren Werke mehr auf den Konzert- oder Opernspielplänen. Im April 1914 weilte ich vor der berühmten Wolga-Tour zwei Wochen lang als Gast bei Serge Koussevitsky in dessen Moskauer Haus. Während dieser Zeit wurde Rubinsteins Oper *Der Dämon* von der Moskauer Oper wieder hervorgeholt, und ich besuchte die Aufführung mit Rachmaninoff und Scriabin, die gleichfalls Koussevitskys Gäste waren.

Beide bemerkten, daß viele der Themen schön seien, aber sie beklagten den schwachen Aufbau. Ich erzählte ihnen dann, wie sich Brahms vor 18 Monaten über Rubinsteins Musik geäußert hatte, und sie stimmten der Meinung des drittgrößten deutschen "B" von ganzem Herzen zu. Groves Musikwörterbuch führt nicht weniger als 119 Opusnummern von Rubinstein auf - Opern, Oratorien, Symphonien, Konzerte, Kammermusik, Lieder usw., alle wegen des Mangels an handwerklichem Können heute bereits vergessen, obwohl er in den 1890er Jahren sehr beliebt in Europa war.

Brahms und seine Ansichten über den Komponisten und Violinisten Spohr

"Ist es nicht seltsam, Joseph", sagte Brahms, "daß ein in der musikalischen Welt unserer ersten Jahrhunderthälfte so berühmter Mann wie Spohr gänzlich unfähig war, Beethoven zu schätzen?"

"Ja, ich habe mich auch schon oft darüber gewundert. Spohrs Kritik an der *Fünften Symphonie* und an dem *Violinkonzert* sind heutzutage eine interessante Lektüre. Aber sein Lob über Paganini war nicht weniger lächerlich; und doch war Spohr als Violinist der größte Rivale des Italieners, und volle fünf Jahrzehnte hörte man seine Konzerte, Opern, Symphonien und Oratorien überall. Ich selbst habe ihn in meiner Jugendzeit gehört und war tief beeindruckt von seinem vollen Ton und der Erhabenheit seines Stils. Er war ohne Zweifel einer der größten Violinisten aller Zeiten. Die Erinnerung, ihn gehört zu haben, ist für mich wie ein Schatz; auf der Bühne hatte er eine olympische Gestalt.

Spohr war eines der interessantesten Beispiele eines einseitigen Genies in der ganzen Musikgeschichte. Einer seiner berühmtesten Schüler, Leon de Saint-Lubin, erzählte mir vor vielen Jahren, Spohr habe immer jene Schüler als die begabtesten angesehen, die seinen eigenen Stil am besten nachahmten. Es fehlt ihm die Fähigkeit, eine individuelle Persönlichkeit, die sich von der seinigen unterschied, objektiv zu beurteilen."

In seiner Antwort auf Joachims Feststellung gebrauchte Brahms ausgesprochen norddeutsche Redewendungen, daß ich seine eigenen Worte ungekürzt anführen möchte: "Obschon Spohr ein äußerst ehrlicher und aufrichtiger Mann war, gebrach es ihm doch trotz redlicher Bemühungen an der Fähigkeit, eine so andersgeartete Individualität wie Paganini unvoreingenommen zu beurteilen."

Brahms über den Begriff "Genie"

"Mein lieber junger Freund", sagte Brahms und wandte sich mir zu, "Sie haben heute abend wiederholt das Wort "Genius" gehört. Wie definieren Sie diesen Ausdruck?"

"Ich kenne lediglich die Begriffsbestimmung Carlyles - 'die unendliche Fähigkeit, sich Mühe zu geben'."

Worauf Joachim einwarf: " So wird sie immer angegeben, aber Carlyles Worte waren anders, nämlich: "Die transzendente Fähigkeit, sich Mühe zu geben." Natürlich besagt das im wesentlichen dasselbe. Sie steht in Carlyles *Das Leben Friedrichs des Großen* im zweiten Band. Was hältst du davon, Johannes?"

"Es ist die beste unter allen Definitionen des Begriffs Genius, und doch ist sie meiner Meinung nach die schlechteste auf der ganzen Welt. Wenn sie wahr wäre, könnte jede geduldige, sich abmühende Mittelmäßigkeit ein Bach oder ein Beethoven werden."

"Auch ein Liszt oder ein Paganini", fügte Joachim nachdrücklich hinzu. "Genius, wie ich den Begriff auffasse, ist genau das Gegenteil - die Fähigkeit, mit Leichtigkeit das zu erreichen, was das bloße Talent überhaupt nicht leisten kann. Aber Johannes, du sagtest, die Definition Carlyles sei die schlechteste. Welche hältst du für die beste?"

"Eine treffende Frage, Joseph. Hier müssen wir uns wiederum der Heiligen Schrift zuwenden; wir finden die Antwort bei Johannes 14, 10; die Stelle wurde heute abend schon zitiert: 'Der Vater aber, der in mir wohnt, der tut die Werke.' Das wirkliche Genie schöpft aus der unendlichen Quelle der Weisheit und der Kraft, wie Milton und Beethoven es taten. Meiner Meinung nach ist dies die beste Definition. Jesus war das größte geistige Genie der Welt, und er war sich, wie sonst niemand, bewußt, die einzige wahre Quelle der Kraft zu gebrauchen, obgleich Beethoven und Milton ebenfalls wußten, daß sie die gleiche Quelle in geringerem Umfang erschlossen. Es ist alles nur eine Frage des Ausmaßes."

"Haydn wußte es auch", sagte Joachim. "Das Komponieren war für ihn eine Art Gottesdienst, ein wirkliches Ritual; er zog immer seinen besten Anzug an, bevor er komponierte, wobei er sagte: "Ich trete jetzt mit Gott in Verbindung und muß passend gekleidet sein."

"Das war auch eine Anrufung der Muse auf andere Weise", erklärte Brahms. "Irgendein Ritual dieser Art hilft. Weißt du, Joseph, es kam mir gerade in den Sinn, daß Tennysons Auffassung von Gott und der Schöpfung doch wissenschaftlich sein muß. Der Glanz, die blitzartigen Offenbarungen, die die Menschheit erleuchten, strahlen auf ein Genie wie Tennyson."

"Ich stimme dir zu, Johannes. Milton und Wordsworth waren ebenfalls Dichter, die der Eingebung teilhaftig wurden, aber ihre Ideen vom Schöpfer und der Schöpfung sind zu theologisch, während Browning zu philosophisch ist. Tennysons Beziehungen zum gesamten Kosmos, wie sie in den von mir erwähnten Gedichten ihren Ausdruck finden, lassen erkennen, daß er die göttlichen Schwingungen der Wahrheit in einem wissenschaftlicheren Zeitalter erlebte; aber ich glaube, daß die Religion und die Wissenschaft eines Tages trotz Darwins Pessimismus Hand in Hand gehen werden.

Wenn du komponierst, Johannes, denkst du dann jemals theologisch?"

"Nie; ich denke religiös, aber nicht theologisch."

Ich fragte ihn nach dem Unterschied zwischen Religion und Theologie.

"Wie ich die Theologie auffasse, ist sie Menschenwerk, während die Religion Gotteswerk ist. Jener allgemeine Glaube an ein Leben nach dem Tode des physischen Leibes ist zum Beispiel Religion, während alle Glaubensbekenntnisse und Dogmen Theologie sind. Die Inquisition und alle übrigen Verfolgungen der Kirche während des Mittelalters beweisen, daß die Theologie und die Dämonenlehre verwandt sind. Goethe wußte dies, und ich habe es immer bewundert, wie er im Faust-Monolog das Wort 'Theologie' anstelle von 'Religion' verwendet, das auch viersilbig ist und, was das Versmaß betrifft, genauso gut gepaßt hätte. 'Habe nun, ach, Philosophie, Juristerei und Medizin und *leider* auch Theologie durchaus studiert mit heißem Bemühen.'

Dieses kurze zweisilbige Wort *leider* ist bedeutungsschwer. Mein lieber Joseph, großen Dichtern wie Goethe, Schiller, Milton, Tennyson und Wordsworth wurden die kosmischen Schwingungen

ewiger Wahrheit zuteil, weil sie sich mit der unendlichen Energie des Kosmos, mit anderen Worten - mit Gott, verbanden. Ich grüble über alle diese Dinge nach, bevor ich komponiere, und solche Meditationen wirken sehr erleuchtend auf meine Phantasie und stellen die Beziehung zu der gleichen Kraft her.
Darwin, Haeckel und Huxley waren wie Spohr einseitige Genies; sie sahen nur einen Teil der Wahrheit, konnten aber in die wirklichen Geheimnisse der Schöpfung nicht eindringen."
"Aber sage uns, Johannes", bat Joachim, "was erlebst du, wenn du in den Bann dieser Hochstimmung gezogen und so verherrlicht wirst? Bach, Beethoven und Mozart müssen ähnliche Verzückungen gekannt haben, aber leider haben sie uns nichts über ihre inneren Visionen hinterlassen; die Früchte jener Inspiration, wie sie in ihren unsterblichen Werken zutage treten, beweisen uns jedoch, daß sie transzendentale Offenbarungen erlebt haben müssen."
"Bach, Beethoven und Mozart wurden weit stärker inspiriert als ich, Joseph; ihnen allen, auch Schubert, flossen die Melodien leichter und spontaner zu als mir."
"Aber Johannes, Bülow erklärte, daß du diese Komponisten an architektonischem Geschick übertriffst, und ich stimme ihm zu. Der Aufbau deiner Symphonien ist in der symphonischen Literatur unerreicht, und das Finale der *Vierten* erfüllt mich jedesmal mit Staunen und Bewunderung, wenn ich sie höre; und welche Wärme und Farbe in deinem *Zweiten Klavierkonzert*! Ich verehre Beethovens *Es-Dur-Konzert*, in dem er den Klavierpart in heroischerem und virtuoserem Stil behandelt als du, und doch erhält für mich dein *B-Dur-Konzert* die Siegespalme! Ich halte es für das größte aller Klavierkonzerte. Wohl ist es eher eine Symphonie mit obligatem Klavier als ein Konzert, aber es stellt eines der hervorragenden symphonischen Meisterstücke des 19. Jahrhunderts dar."
"Mein *Violinkonzert* ist auch mehr eine Symphonie als ein Konzert, Joseph, aber natürlich gab ich dem Klavier, meinem eigensten Instrument, eine weit bessere Fassung als der Geige. Ich bedaure heute, Joseph, daß ich einigen deiner Vorschläge hinsichtlich der Violin-Passagen nicht folgte. Es wäre leichter zu spielen gewesen, ohne der Musik Abbruch zu tun."

"Trotz seiner Mängel im Violin-Part wird es sich behaupten und mit der Zeit immer beliebter werden, weil es große und begeisternde Musik darstellt. Ich gestehe dir zu, Johannes, daß der Melodienstrom bei Mozart und Beethoven rascher und geläufiger als bei dir fließt, aber dennoch bedarf deine thematische Erfindung keiner Entschuldigung. Es gibt keinen besseren Prüfstein, als die Leute zum Weinen zu bringen; wie oft habe ich Tränen in den Augen der Zuhörer gesehen, wenn ein Cellist mit seelenvollem Ton das obligate Cello im Andante deines *B-Dur-Klavierkonzerts* spielte. Und dein Lied *Immer leiser wird mein Schlummer*, worin du dasselbe Cello-Solo so geschickt verwendest, gehört zu meinen Lieblingsliedern. Aber wir schweifen von unserem eigentlichen Thema ab, Johannes. Erzähle uns etwas über deine Offenbarungen in jener Stimmung."

Inspiration und Konzentration als wichtige Faktoren

"Ich hatte immer ein bestimmtes Ziel im Auge", fuhr Brahms fort, "bevor ich die Muse anrief und mich in eine solche Stimmung versetzte; Reflexionen über das, was Goethe, Milton und Tennyson sagten, regten meine Phantasie mächtig an, wie ich dir schon früher erklärt habe. Wenn ich dann jene höheren kosmischen Schwingungen spürte, wußte ich, daß ich mit derselben Kraft in Verbindung stand, die jene großen Dichter und auch Bach, Mozart und Beethoven inspirierte. Dann strömten die Ideen, die ich auch bewußt suchte, mit solcher Macht und Schnelligkeit auf mich ein, daß ich nur ein paar fassen und greifen konnte; ich war nie fähig, sie alle kurz zu notieren; sie kamen wie momentane Blitze und entschwanden schnell, wenn ich sie nicht auf Papier festhielt. Die Themen, die in meinen Kompositionen von Bestand sein werden, kamen alle auf diese Weise. Es war immer ein so wunderbares Erlebnis, daß ich mich früher nie dazu bringen konnte, darüber zu sprechen - nicht einmal dir gegenüber, Joseph. Ich spürte, daß ich im Augenblick mit dem Unendlichen in Einklang stand, und kein Schaudern kommt dem gleich. Ich verstehe, warum der große Nazarener diesem Leben so wenig Bedeutung beimaß. Er muß in viel engerer Verbindung mit der unendlichen Kraft des Universums als irgendein Dichter oder

Komponist gestanden haben, und er tat ohne Zweifel einen Blick in jene nächste Ebene, die er 'Himmel' nannte.

Ich hatte keine solchen Visionen, aber ich wurde verklärt und inspiriert und war mir wie Beethoven und Milton dieser Tatsache bewußt. Jene "Heimsuchungen meiner himmlischen Schutzgöttin", um mit Milton zu reden, sind meine kostbarsten Erinnerungen, und was du, Joseph, an meinen Kompositionen so bewunderst, ist deren Echo. Shakespeares Ermahnung 'Deinem eigenen Selbst bleibe treu' ist immer einer meiner führenden Grundsätze gewesen."

"Dies alles ist äußerst interessant, Johannes, auch ich verstehe jetzt, warum du in dieser Hinsicht selbst mir gegenüber so zurückhaltend warst: Wir bewegen uns jetzt auf heiligem Boden. Aber wenn du glaubst, daß Bach, Mozart und Beethoven reichere Inspiration als dir geschenkt wurde, was hältst du dann von mir? Als junger Mann komponierte ich auch, aber seitdem ich mit dir in so enger Verbindung stehe, habe ich es schon lange aufgegeben; deine Inspirationen waren von so viel höherer Art als meine, deine Kunstfertigkeit ebenso. Meinerseits schienen weitere Bemühungen also nutzlos. Meine Kompositionen, sogar mein ungarisches Konzert, werden immer mehr vernachlässigt und bald vergessen sein, während deine von Jahr zu Jahr an Anerkennung gewinnen."

"Das stimmt, Joseph, aber es wird noch ein halbes Jahrhundert vergehen, bis ich meinen wahren Platz in der Welt der Musik finde. Es ist schwierig, wenn nicht unmöglich, eine Erklärung dafür zu finden, warum einem Komponisten die Inspiration reicher zuteil wird als einem anderen, aber ich kann den Finger auf eine schwache Stelle in deiner Vergangenheit legen, Joseph - zu viele Ämter und Würden. Du bist der Direktor der Berliner Königlichen Hochschule; du bist als Violinsolist und als Quartettspieler sehr gefragt; du widmest dem Unterricht sehr viel Zeit; die vielen mit deinen Ehrenämtern verbundenen Konferenzen beeinträchtigen deine Zeit; du wirst mit Manuskripten von Violinkomponisten, die deinen Rat suchen, überschwemmt, um nur einige der mühevollen und verdrießlichen Unannehmlichkeiten zu erwähnen, die ich selbst beobachten konnte. Alle diese Dinge wirken auf das Komponieren störend. Ein Komponist, der gute Musik schreiben will, muß seine ganze Zeit und Kraft dieser einen Beschäftigung widmen. Hätte ich so viele Pflichten wie du,

Joseph, ich hätte auch nichts schaffen können, was des Zuhörens wert gewesen wäre."

"Zugegeben, Johannes, aber als wir uns als junge Leute zum ersten Mal begegneten, drückten alle diese Lasten nicht auf mich; ich hatte auch den schöpferischen Drang, und dennoch ist der Unterschied zwischen deinen und meinen Erzeugnissen wie Tag und Nacht. Nein, der Grund liegt tiefer. Ohne Zweifel ist es Naturanlage. Für Jesus von Nazareth wie für Beethoven muß es sehr leicht gewesen sein, wie Hunderte wunderbarer Themen, an denen seine Werke so reich sind, bezeugen."

"Stimmt, Joseph, aber seine Skizzenbücher beweisen, daß auch er sich unablässig mühte, um der Nachwelt Meisterwerke wie zum Beispiel die *Eroica,* die *Fünfte, Siebente* und *Neunte Symphonie,* das *Klavierkonzert Nr. 4* und *Nr. 5* und das *Violinkonzert* zu hinterlassen. Aus diesem Grunde habe ich ihn immer als mein Ideal betrachtet; ihm wurde nicht nur die höchste Inspiration geschenkt, sondern er besaß auch überragende Kunstfertigkeiten."

Der religiöse Brahms und das Lukasevangelium

"Nun, Joseph, es wird spät, aber bevor wir diese faszinierende Unterhaltung beenden, möchte ich über eine Stelle im Lukasevangelium mit euch sprechen. Sie hat nichts mit dem eigentlichen Thema unserer Unterhaltung heute abend zu tun, ist aber dennoch von besonderem Interesse für alle, die an ein Leben nach dem Tode glauben. Ich weise auf Lukas 23, 39 bis 43, auf die Geschichte vom Schächer am Kreuz hin. Was hältst du von diesen vier Versen, Joseph?"

"Diese Worte Jesu waren mir immer schon rätselhaft, weil sie in glattem Widerspruch zu seinen sonstigen Aussprüchen während seiner dreijährigen Lehrtätigkeit stehen. Er lehrte Rechtschaffenheit und Aufrichtigkeit und war in seinem eigenen Lebenswandel beispielhaft. Er betonte immer, der Himmel werde durch die Beachtung der Gebote verdient, und dennoch gibt er dem Menschen, der sein ganzes Leben lang nur Missetaten verübt hatte, in letzter Minute einen Paß ins Paradies. Ich konnte diese Verse nie mit Lukas 18, 18 bis 20 oder mit vielen anderen ähnlichen Ermahnungen des Herrn in Einklang bringen."

"Junger Freund", sagte Brahms und wandte sich dabei an mich, "da Sie während Ihrer Vorbereitungszeit für die Universität Griechisch studiert haben, müßten Sie eigentlich von Wilamowitz-Moellendorff gehört haben?"

"Ja, ich hörte von ihm, als ich im Sommer 1893 auf Urlaub in meine Heimat kam. Ich besuchte Professor Thomas Seymour an der Universität Yale, der Amerikas führender Graecist ist und mir sagte, Wilamowitz sei der bedeutendste Kenner des Griechischen."

"Er ist noch mehr als das, junger Freund; es ist der größte griechische Gelehrte seit Melanchthon, der Martin Luther bei der Übersetzung des Neuen Testaments auf der Wartburg im Jahre 1522 half. Ohne Melanchthon hätte Luther diese riesige Aufgabe nie bewältigen können."

"Nun, Johannes, was sagte Wilamowitz über Lukas 23, 39 bis 43?"

"Er meinte, diese Verse seinen eine Fälschung, eine Einschiebung in späterer Zeit. Er sagte wörtlich: 'Jene vier Verse sind nicht in der griechischen Sprache des 1. Jahrhunderts, die Lukas verwendete, geschrieben'."

"Nun, bei allem, was heilig ist!" rief Joachim, "das ist also die wahre Erklärung jener rätselhaften Stelle."

"Mein Hamburger Freund, der Pfarrer, den ich schon erwähnt habe", fuhr Brahms fort, "steht auf dem Standpunkt, es gäbe neben dem Zeugnis Wilamowitz` genügend innere Beweise, daß dieser berühmte, Jesus zugeschriebene Ausspruch eine Fälschung ist."

"Was sagte er, Johannes: Ich habe immer geglaubt, daß diese beiden Verse der Grund für so viel Böses in der Welt sind, weil so viele sogenannte Christen an dem Glauben festhalten, daß sie, auch wenn sie ein noch so unehrenhaftes Leben führen, schließlich doch in den Himmel kommen, wenn sie im letzten Augenblick Reue zeigen. Es ist eine verderbliche Lehre und belohnt die Sünde. Aber welcher ist der innere Beweis, auf den dein Freund so betont verweist, Johannes?"

"Ich bringe seine eigenen Worte, Joseph; sie machen seine Behauptung anschaulicher. Er sagte: ‚Für mich steht es fest, daß jeder unvoreingenommene, suchende und forschende Mensch zu dem

Schluß kommen muß, daß Lukas 23, 39 bis 43 eine Fälschung ist. Warum? Erstens ist Lukas der einzige unter den Evangelisten, der diesen Bericht bringt. Warum wird er in den drei anderen Evangelien nicht erwähnt? Hätte Jesus wirklich eine so außergewöhnliche Behauptung aufgestellt, die seiner ganzen Lehre von ewigem Leben widerspricht, die er in den drei Jahren, während denen er mit seinen Jüngern umherzog, verkündete, so hätten Matthäus, Markus und Johannes sie bestimmt erwähnt. Markus ist das erste Evangelium, das aufgezeichnet wurde. Er war keiner der Jünger Jesu, aber er war später ein vertrauter Freund des Petrus, der den Herrn während seiner ganzen Lehrzeit begleitete, und von Petrus erfuhr Markus alle Einzelheiten über die Aussprüche und die Taten Jesu in jenen Jahren. Das Markusevangelium ist eigentlich das Petrusevangelium.

Petrus hätte ein so dramatisches Ereignis wie das des Schächers am Kreuz sicherlich nicht übersehen, als er Markus die Geschichte Jesu berichtete. Außerdem erwähnt Petrus später in seinen zwei Episteln nichts davon.

Ferner finden wir im Neuen Testament einen noch stärkeren Beweis für die Fälschung von Lukas 23, 39 - 43, als Matthäus berichtet, wie die Hohenpriester, Schriftgelehrten und Ältesten sich über Jesus am Kreuz lustig machten und ihn verhöhnten. In Kapitel 27, 44 heißt es: *Desgleichen schmähten ihn auch die Mörder, die mit ihm gekreuzigt waren.*

Beachte bitte, Johannes, ganz besonders, daß Matthäus den Plural gebraucht - *die Mörder*. Dies allein genügt, um jenen Bericht in Lukas als Fälschung zu brandmarken`, schloß mein Hamburger Freund.

‚Welch schrecklicher Frevel! Warum wollte ein späterer Chronist diesen Riesenschwindel im Namen des wunderbaren Nazareners begehen?` sagte ich zu meinem Freund.

‚Um Uneinigkeit und Verwirrung in die erste Kirche zu bringen. Der Unfug wurde in der zweiten Jahrhunderthälfte nach der Kreuzigung Jesu verübt. Er stammt wahrscheinlich von den Nachkommen der Schriftgelehrten, Pharisäer und Sadduzäer, die wie das Römische Reich der christlichen Lehre feindlich gegenüberstanden, aber zu feineren Kampfmitteln griffen. Dies ist meine Theorie.`

Ich fragte ihn dann: 'Was wurde deiner Meinung nach aus jenen, die nicht zu Taten, sondern zur Reue in letzter Minute ihre Zuflucht nahmen, um gerettet zu werden?'

,Die Antwort gibt die Bergpredigt, Matthäus 7, 13`, schloß mein Hamburger Pfarrer und fügte mit seinen eigenen Worten hinzu: ,Sie wurden vernichtet und vergessen wie alle Übeltäter.`

Brahms wünscht Enthüllungen erst 50 Jahre nach seinem Ableben

Nun, Joseph, damit wäre diese vieldiskutierte Stelle bei Lukas erledigt. Jesus hat diese Worte nie gesagt."

Dr. Brahms wandte sich hierauf an mich: "Sie können Ihren günstigen Sternen danken, lieber Freund, daß Joachim heute abend bei uns war, denn ohne seine anregende Hilfe hätte ich Ihnen mein Inneres niemals so offenbart, wie ich es in diesen drei Stunden getan habe. Ich hoffe, Ihre Leser finden etwas Erhellendes in meinen Erlebnissen während des Komponierens. Ich muß jedoch von Ihnen das feierliche Ehrenwort verlangen, daß sie das Gehörte nicht vor dem Ablauf von 50 Jahren nach meinem Tode veröffentlichen."

"50 Jahre!" rief ich entsetzt. "Warum denn so lange warten? Ich lebe vielleicht nicht so lange, und dann wäre dieses einzigartige Material für die Welt verloren."

"Durchaus nicht. Sie können Ihr Manuskript vorbereiten und für den Fall Ihres Todes Anweisungen für die spätere Veröffentlichung hinterlassen. Ich habe wichtige Gründe, auf dieser langen Verzögerung zu bestehen. Ich werde meinen wahren Platz in der Musikgeschichte frühestens ein halbes Jahrhundert nach meinem Tode einnehmen. Bach starb 1750 und geriet völlig in Vergessenheit, bis Mendelssohn ihn wiederentdeckte - 75 Jahre später. Und über 100 Jahre nach Bachs Tod gelang es Joachim, seinen monumentalen Werken für Solo-Violine allgemeine Beliebtheit zu verschaffen.

Auch das erstaunliche Violinkonzert Beethovens wurde 50 Jahre lang nach seinem Tode vernachlässigt, bis Joachim der musikalischen Welt seine Wunder enthüllte. Keine Komposition unserer Zeit wurde mehr geschmäht als mein eigenes Violinkonzert; Joachim und ich brachten es vor 16 Jahren im Gewandhaus heraus, und noch heute stellen die musikalischen Gesellschaften, wenn sie Joachim als Solisten verpflichten, die Bedingung, er dürfe mein Konzert nicht spielen. Ich habe neuen Wein in alte Schläuche gefüllt, und die Philister verzeihen mir das nicht. Ich weiß, daß das Violinkonzert seinen wahren Platz einnehmen wird, aber es wird wenigstens 50 Jahre dauern, und mit meinen Symphonien, Klavierkonzerten und vielen anderen Werken verhält es sich ebenso. Ich muß auf dem Aufschub von 50 Jahren bestehen."

Mit größtem Widerstreben stimmte ich schließlich der Forderung zu, da nichts zu machen war. Joachim war von Brahms` entschiedener Forderung nicht besonders überrascht, denn er war an seine Unberechenbarkeit gewöhnt. Er tröstete mich jedoch, indem er auf Englisch sagte: "Ich will meinen Beitrag nicht der gleichen Bedingung unterwerfen, aber was ich während des Abends gesagt habe, ist so eng mit den Enthüllungen Brahms´ verknüpft, daß man unmöglich das eine vom anderen trennen kann, so daß Sie sich wohl in Geduld fassen müssen."

Brahms sagte dann: "Joseph, wenn du zufällig Kalbeck triffst, erwähne bitte nichts von dieser Unterredung."

Wir nahmen dann herzlich, aber auch wehmütig Abschied von dem großen Komponisten. Vier Monate später, am 3. April 1897, endete sein irdisches Leben.

Der Wert und die Bedeutung der Gespräche mit Brahms für zukünftige Komponisten-Generationen

Nachdem Joachim einige Tage später in Berlin den vollen maschinengeschriebenen Bericht über die Unterhaltung mit Brahms gelesen hatte, sagte der berühmte Violinist:

"Lieber Freund, ich hoffe, Sie erkennen die ganze Bedeutung der Erklärungen Brahms´ an jenem Abend. Es war eine Darlegung des innersten Wirkens seiner Seelenkräfte, wie sie kein anderer großer Komponist, auch sonst kein schöpferischer Geist, in irgendeinem Bereich menschlichen Bemühens jemals der Welt enthüllt hat. Ich spreche aus langer persönlicher Erfahrung mit Schumann, Mendelssohn, Liszt, Wagner und vielen anderen, und ich versichere Ihnen, lieber Mr. Abell, daß keiner von ihnen jemals so mitteilsam und überschäumend berichtete. Diese Offenbarungen Brahms` sind einmalig in der ganzen Musikgeschichte.

Er und ich sind seit 43 Jahren eng befreundet, und dennoch stand an jenem Abend ein anderer und unbekannter Brahms vor mir. Ich war sprachlos, daß er, der immer so ungern über das innere und für ihn so heilige Wirken seines Ichs redete, plötzlich so bestimmt, so intim und so ausführlich über alles sprach, was das Werden seiner vielen Meisterwerke betraf. Wie bewußt war er sich immer jener höchsten Kraft des Universums, die wir Gott nennen, sowie der Anwendung der Gesetze, durch die er mit ihr in Verbindung treten konnte!"

"Ja, das ist wahr, Professor Joachim", rief ich aus, "aber wie Brahms selbst erklärte, inspirierten ihn Ihre Mitarbeit und Ihre vielen Zitate von Shakespeare, Milton, Tennyson und Browning und bewogen ihn, jenes innere Wirken des göttlichen Funkens, aus dem er schöpfte, aufzudecken. Ihre erschöpfenden Kenntnisse der großen englischen Dichter erfüllten ihn wie auch mich mit Staunen."

"Ja, ich weiß, daß Brahms Ihnen allein sein Innerstes nie in diesem Ausmaß offenbart hätte, aber daß er es überhaupt tat, erstaunt mich. Man spürte immer sein Zögern. Vor zehn Jahren sagte mir

Klara Schumann: 'Es wird Ihnen unglaubhaft vorkommen, Joseph, ist aber trotzdem wahr, daß Johannes mit mir nicht ein einziges Mal darüber sprach, was seinen Geist bewegte, wenn ihn der schöpferische Drang überkam. Er vermied jede Diskussion über dieses Thema. In dieser Hinsicht ist er mir auch heute noch so fremd wie bei unserer ersten Begegnung im Jahre 1853, als Sie ihn zu Robert und zu mir brachten.`
Nun stand Klara Schumann Brahms nach mir am nächsten. Aber Billroth, Hanslick, Bruell, Doorn und Epstein machten alle die gleiche Erfahrung mit ihm. Keinem gelang es, ihm etwas über seine inspiratorischen Vorgänge zu entlocken. Kalbeck, der gerade an einer Brahms-Biographie arbeitet, hat sich mehr als einmal bitter beklagt. Aus diesem Grunde bat mich Brahms, Kalbeck gegenüber nichts von jener Begegnung zu erwähnen. Warum er auf der 50jährigen Frist für die Veröffentlichung des Buches bestand, hängt damit zusammen, daß er sicher sein wollte, daß keiner seiner Freunde, ob jung oder alt, seine Offenbarungen lesen konnte. Brahms ist ein sehr eigenartiger Mensch. Es war nicht immer leicht, sich seinen Launen und phantastischen Gedanken anzupassen."
"Er steht aber einer etwaigen Veröffentlichung nicht feindlich gegenüber", warf ich ein, "wie erklären Sie das?"
"Für jemanden, der ihn so gut kennt wie ich, läßt sich das leicht erklären. Trotz seiner mürrischen Art ist er in Wirklichkeit ein gutmütiger Mensch. Er hat erkannt, daß es für künftige Komponisten-Generationen höchst wertvoll wäre, im Besitz eingehender Berichte über seine Erlebnisse im Zustand der Halbtrance, in dem ihm die Inspirationen geschenkt wurden, zu sein. Diese Geheimnisse wären für mich, als ich noch jung war, unschätzbar gewesen. Auf Grund meiner früheren Beziehungen zu Mendelssohn und Schumann, noch bevor ich Brahms traf, hatte ich auch den Ehrgeiz, ein großer Komponist zu werden. Hätte ich damals schon erfahren, was ich an jenem letzten Abend bei ihm lernte, so hätte ich wohl mehr geleistet. Ich bin überzeugt, er weiß, daß jungen Komponisten seine Offenbarungen über jene höheren geistigen Gesetze nützlich sein werden. Die Lehren Jesu und die Aussagen der großen Dichter führten ihn selbst zu sehr wertvollen Erkenntnissen. Leider werde ich Brahms` Mitteilungen von jenem Abend in 50 Jahren nicht mehr gedruckt sehen."

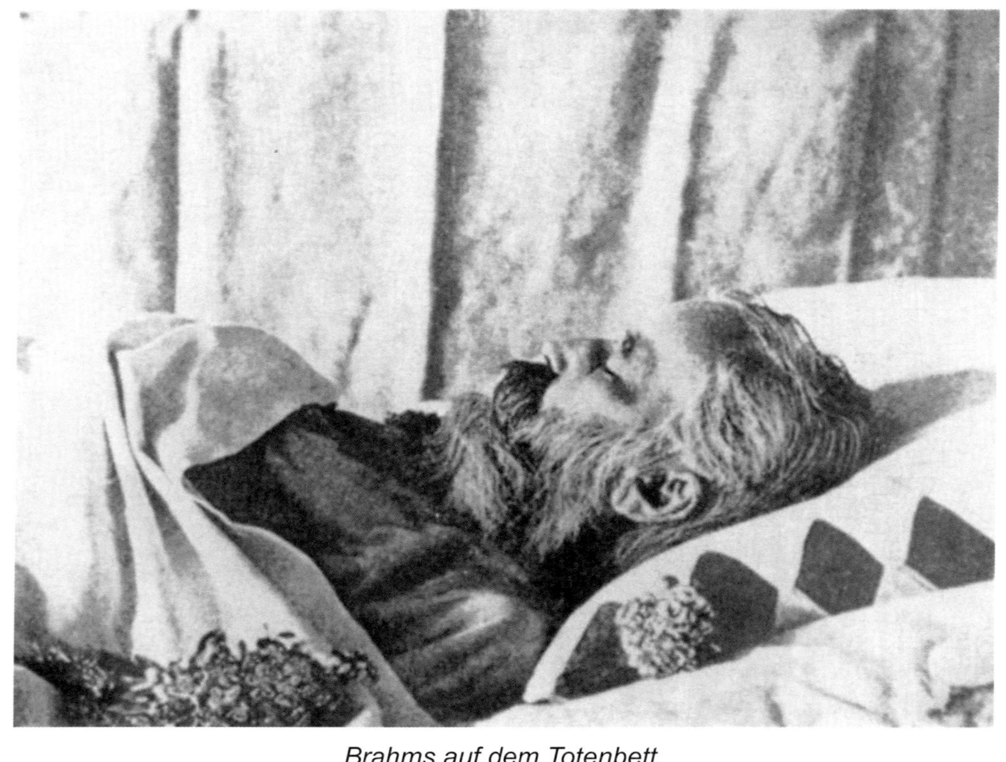

Brahms auf dem Totenbett.
In dieser Aufnahme zeigt sich noch einmal deutlich das markante, ausdrucksvolle Profil des genialen Musikers.

Brahms-Biographien

Ein kurzer Blick auf die ungeheure Zahl von Brahms-Biographien bestätigt jedem unvoreingenommenen Musikkenner, daß Weber und Joachim recht hatten. Die umfangreichste Biographie ist Max Kalbecks vierbändiges Werk mit 2138 Seiten. Eine frühere Biographie von Hans Deiters kam 1888 heraus, neun Jahre vor dem Tod des Komponisten, und zehn Jahre später erschien die zweite Auflage. Weitere Biographien von Heinrich Reimann, Albert Dietrich, Ehrmann und Gustav Ernest folgten. 1905 erschien eine ausgezeichnete Lebensbeschreibung Brahms´ in englischer Sprache in zwei Bänden von Florence May. Fuller-Maitland schrieb eine weitere englische im Jahre 1911. Brahms-Biographien in französischer Sprache wurden von Hugues Imbert 1894 und 1906 und von Paul Landormy 1920 verfaßt.

Außerdem erschienen biographische Skizzen und besondere Brahmsstudien von Philipp Spitta, W. H. Hadow, James Huneker und Daniel Gregory Mason in vielen Büchern und Zeitschriften. Die Briefe Dr. Billroths, des Freundes Brahms`, wurden ebenfalls viel gelesen, dazu die von Joachim bei der Einweihung des Brahms-Denkmals in Meiningen am 7. Oktober 1899 gehaltene Rede. Alle führenden Musikzeitschriften brachten vor dem Weltkrieg Brahms-Sonderausgaben, und die Brahms-Gesellschaft gab nicht weniger als 15 Bände Briefe des Komponisten und seiner Freunde heraus.

(Die oben erwähnte Deutsche Brahms-Gesellschaft löste sich mit Ende des Zweiten Weltkrieges auf.

Im Jahre 1966 wurde die Brahms-Gesellschaft Baden-Baden gegründet. Sie machte es sich zur Aufgabe, das in Baden-Lichtental stehende, in Vergessenheit geratene und inzwischen zum Abbruch bestimmte Landhaus, in dem Brahms zehn Sommer hindurch, in den Jahren 1860-1870, lebte, durch Erwerb und Renovierung zu einem Brahms-Museum einzurichten.

Im November 1969 erfolgte auch in Hamburg, in der Geburtsstadt von Johannes Brahms, die Gründung einer Brahms-Gesellschaft im alten Landhaus im Hirschpark. Durch Ausstellungen und Veranstaltungen ist Hamburg zu einer Stätte der Begegnung der Brahmsfreunde geworden. Nach der Zerstörung des Geburtshauses von Brahms im letzten Krieg wurde in der Carl-Töpfer-Stiftung in der Peterstraße eine neue Brahms-Gedenkstätte errichtet.

Insbesondere sei auf die Einrichtung eines Johannes-Brahms-Archivs bei der Staats- und Universitätsbibliothek Hamburg hingewiesen, das dank der Initiative der Brahms-Gesellschaft zur größten Brahms-Sammlung in Deutschland ausgebaut werden konnte.)

Besonderes Interesse fand eine Sondernummer der "Musik" in Berlin, Mai 1903, mit Artikeln von Freunden Brahms`, darunter Anton Door. Noch 1928 schrieb Richard Specht eine weitere Biographie. Man möchte meinen, daß diese Forschungen alles Wissenswerte über den großen Komponisten zutage gebracht hätten, aber trotzdem erschien 1933, 36 Jahre nach seinem Tode, eine vollkommen neue Biographie unter dem Titel: "The Unknown Brahms" von Robert Haven Schauffler. Schauffler kannte Brahms nicht, aber er unternahm mehrere Reisen nach Europa, um Angaben zu finden, und interviewte nicht weniger als 150 Leute, darunter auch mich. Seine Arbeit gehörte zu den interessantesten Brahms-Biographien, weil sie einen Schatz an wertvollem Material enthält, das in keiner der anderen zu finden ist. Seine Analyse der Brahmsschen Musik ist äußerst aufschlußreich. Ich konnte das Manuskript einige Monate vor der Veröffentlichung lesen und war erstaunt, daß noch so viel neues Material entdeckt worden war.

Giacomo Puccini

Die "Butterfly"-Premiere in der Mailänder Scala

In den frühen 90er Jahren hatte ich von Zeit zu Zeit in deutschen Zeitungen den Namen Giacomo Puccini gelesen, wußte aber nicht, daß auch er ein schöpferischer Genius seltener Art war, bis Berichte über den ausgesprochenen Erfolg von *La Bohème* in den Berliner Tageszeitungen erschienen. Dies war Anfang Februar 1896. Später sprach ich mit Musikkennern, die bei der Premiere im Teatro Regio in Turin am 1. Februar anwesend waren und vor Begeisterung für dieses Werk überschäumten.

"Puccini ist der kommende Mann in Italien; er hat Mascagni und Leoncavallo in den Schatten gestellt", erklärten sie.

Die zweite Aufführung in Palermo im April des Jahres war ein noch größerer Erfolg. Als dann *Tosca* bei der Premiere im Teatro Constanzi in Rom vier Jahre später (14. Januar 1900) eine Sensation hervorrief, gewann ich die Überzeugung, daß ich sehr Bedeutendes darüber erfahren könnte, wie der "Genius" im Geist eines Komponisten von Puccinis Format "brennt". Ich war auf die *Tosca* sehr neugierig, denn ich hatte Sarah Bernhardt im Originalstück gesehen, das Victorien Sardou für sie geschrieben hatte. Sie spielte wunderbar, aber die Tragödie war durch ihre sadistischen Tendenzen so entsetzlich und abstoßend - eine Orgie an scheußlichen Verbrechen und Wollust, mit keiner Spur von dichterischer Gerechtigkeit -, daß ich mich wunderte, wie irgendein Komponist sie als eine Quelle der Inspiration ansehen konnte. Ich könnte mir kein Thema vorstellen, das für eine Vertonung weniger geeignet wäre.

Als die Oper später in Berlin aufgeführt wurde, war ich voller Bewunderung für Puccinis Einfallsreichtum und das unheimliche Geschick, den Stoff zu bewältigen und zu koordinieren. Viele Gedanken des Librettos stammen von Puccini, wie er mir später selber mitteilte. Ich war von der Musik entzückt, die so ganz anders als bei Brahms und Strauss war. Über die erste Aufführung in Berlin schrieb das Tageblatt, es sei "im wesentlichen verklärte Zwischenmusik". Ich stelle jedoch große Höhepunkte lyrischer Verzückung und Begeisterung fest, besonders in der Arie des Cavaradossi im 1. Akt und Toscas Vissi d´Arte im 2., ungeachtet des Umstandes, daß ich die Musik als

Ganzes nicht mit dem schmutzigen Text in Einklang bringen konnte.

Ein Freund in Italien hielt mich über Puccini auf dem laufenden, so daß ich in der Scala anwesend war, als sich am 17. Februar 1904 der Vorhang zum 1. Akt der *Madame Butterfly* hob. Ich erwartete mit Recht eine Steigerung gegenüber *La Bohème* und *Tosca*. Mein Erstaunen war daher sehr groß, als die Zuhörer eine entschieden feindselige Haltung einnahmen. Die Premiere wurde zum schlimmsten Fiasko, das ich auf einer Opernbühne erlebte. Das italienische Publikum war damals wenig zurückhaltend, und ohrenbetäubender Lärm, Pfui-Rufe, Brüllen und Pfeifen setzten ein. Als Rosina Storchio, die die Rolle der Ciô-Ciô-San spielte, ihre Arie "Spira sul Mare" beendet hatte, ertönte es von allen Seiten:

"Vecchia stoffa, vecchia stoffa, abbiamo giâ sentito tutto questo." (Altes Zeug, altes Zeug, haben wir alles schon gehört.)

Dann brach ein wilder Aufruhr, ein richtiger Höllenspektakel los, und Signora Storchio konnte nicht mehr weitersingen. Sie wurde von Gram und Wut so überwältigt, daß sie zusammenbrach und weinte. Sie erklärte auf der Stelle, die würde die Rolle der *Butterfly* in Italien nie wieder singen, und hielt Wort. Sie errang jedoch große Erfolge darin in anderen europäischen Ländern.

Puccini war über das gänzlich unerwartete Fiasko verblüfft und wütend. Zu seinem Verleger Ricordi und zu Mascagni, der neben ihm in der Loge saß, sagte er:

"*Butterfly* ist meine beste Oper; sie wird wie *La Bohème* und *Tosca* über die Bretter der Opernbühnen der Welt gehen."

Die Presse brachte die entrüsteten Mißfallenskundgebungen des Publikums und verkündete in großen Schlagzeilen "Das große Puccini-Fiasko". Meine Pläne, mit ihm über die 'Heimsuchungen der Muse' zu sprechen, fielen ins Wasser. Ich mußte nach Berlin zurückkehren. Puccini war über die Ungerechtigkeit des Publikums so erbost, daß er sich einschloß und außer seinen vertrautesten Freunden niemand zu sich ließ. Mascagni bemühte sich, ihn zu trösten: "Giacomo, deine neue Oper ist gefallen, aber sie wird wieder aufstehen."

Später nahm Puccini einige Änderungen in der Musik vor; er gestaltete auch verschiedene Szenen neu, da er erkannte, daß die Handlung drei statt der ursprünglichen zwei Akte erforderte. Bei der zweiten Aufführung in der revidierten Fassung wurde die *Butterfly* ein glänzender Erfolg.

Puccini spricht über das schöpferische Erlebnis aller Genies

Ich traf den Komponisten in Brescia am Tag nach dieser Aufführung im Mai 1904. Nachdem ich dem Maestro den Zweck meines Besuches erläutert hatte, sagte er:

"Das Buch, das Sie über Genius und Inspiration schreiben wollen, würde mich sehr interessieren. Es wird aber ein schwieriges Thema sein, da die Inspiration kaum faßbar und so schwer feststellbar ist, daß ich nicht wüßte, wie ich sie genau bezeichnen sollte. Ich spüre die inspirierten Ideen wohl, aber ich kann sie nicht in Worten ausdrücken. Aus meiner Erfahrung beim Komponieren weiß ich, daß mich ein übernatürlicher Einfluß befähigt, göttliche Wahrheit zu empfangen und sie dem Publikum durch meine Opern mitzuteilen."

"Könnten Sie mir im Zusammenhang mit diesem Vorgang einige Geheimnisse preisgeben zum Nutzen der Leser?"

"Ja. Das große Geheimnis aller schöpferischen Genies liegt darin, daß sie die Kraft besitzen, sich die Schönheit, den Reichtum, die Größe und die Erhabenheit ihrer Seele als Teile der Allmacht zu eigen zu machen und diesen Reichtum anderen mitzuteilen. Die bewußte, zweckvolle Aneignung der eigenen seelischen Kräfte ist das höchste Geheimnis."

"Dies ist eine wunderbare Definition des Genies", rief ich aus.

Wie Puccini "Madame Butterfly" komponierte

"Können Sie mir einige Einzelheiten darüber geben, wie Sie diese seelischen Kräfte nutzen, wenn Sie eine Oper schreiben?"

"Ich erfasse zuerst die ganze Kraft des Ichs in mir. Dann spüre ich das brennende Verlangen und den starken Entschluß, etwas Würdiges zu schaffen. Dieses Verlangen, dieses Sehnen schließt das Wissen, daß ich mein Ziel erreichen kann, ein. Dann bitte ich die Macht, die mich schuf, inbrünstig um Kraft. Diese Bitte, dieses Gebet muß sich mit der Erwartung paaren, daß diese höhere Hilfe mir gewährt wird. Dieser vollkommene Glaube gibt den Schwingungen den Weg frei, die vom Dynamo, dem Zentrum meiner Seele, in mein Bewußtsein einströmen; die inspirierten Ideen sind geboren."

"War so der Vorgang, als Sie *Madame Butterfly* schufen?"

"Ja, so war er. Ich möchte Ihnen die Worte wiederholen, die ich meinem Freund Pietro Mascagni sagte, nachdem ich die Musik zur *Butterfly* letzten Oktober fertiggestellt hatte: "Die Musik zu dieser Oper wurde mir von Gott diktiert; ich fungierte lediglich als Werkzeug, das sie zu Papier brachte und dem Publikum mitteilte."

"Um dies zu erreichen, mußten Sie Kenntnisse und hervorragende technische Fertigkeit besitzen."

"Aber natürlich, das versteht sich von selbst. Gott tut für den Menschen nichts, was er aus sich selbst heraus schaffen kann. Wir Sterblichen auf dieser Erde sind Partner des Schöpfers, aber wenige erkennen dies. Gott läßt zum Beispiel den Baum wachsen, wenn aber der Mensch ein Haus bauen will, muß er ihn fällen und in Bretter zersägen. Bei einem Komponisten verhält es sich ebenso. Durch mühevolles Studium und Fleiß muß er die technische Beherrschung seines Handwerks erlernen; aber er wird nie etwas von dauerhaftem Wert schreiben, wenn ihm nicht die göttliche Hilfe zuteil wird. Eine riesengroße Menge Notenpapier wird von Komponisten verschwendet, die um diese tiefe Wahrheit nicht wissen. Wir haben es auf diesem Gebiet mit höheren geistigen Gesetzen zu tun."

"Gelten jene Gesetze für jeden Bereich menschlichen Strebens und wenden alle schöpferischen Geister sie an?"

"Aber gewiß! Dante, Raffael, Stradivarius schöpften alle aus derselben allmächtigen Kraft. Die Inspiration von oben regt den Verstand und die Gefühle an. Jemand, der inspiriert ist, sieht alles in einem anderen Licht. Die Eingebung ist ein Erwachen, eine Aktivierung aller menschlichen Fähigkeiten und offenbart sich in allen hohen künstlerischen Leistungen. Sie ist eine überwältigende, zwingende Kraft. Kurz, sie ist der Einfluß Gottes."

"Maestro, Ihre Worte haben Ihre Meinung widerlegt, Sie könnten die Inspiration nicht genau beschreiben. Sie haben sie wunderbar und verständlich erklärt. Ihre Definition bestätigt außerdem in allen Einzelheiten, was zwei andere schöpferische Genies - Brahms und Strauss - mir darüber berichtet haben. Ihre Methode ist aber anders und deshalb um so interessanter."

"Was sagten Brahms und Strauss? Ihre Meinung würde mich sehr interessieren."

Ich erzählte Puccini von meinem Interviews mit den beiden Komponisten und was sie über die Eingebung aussagten. Er war über ihre Ansichten entzückt. Ich fuhr dann fort: "Maestro, könnten Sie mir sagen, warum ein so fürchterliches, abstoßendes Drama wie Sardous *La Tosca* Sie so fesselt? Die einzige dichterische Gerechtigkeit in der grauenhaften Tragödie ist die Ermordung Scarpias durch Tosca. Wie konnte ein so abscheuliches Thema Sie zu solch schöner Musik anregen? Es ist mir ein Rätsel."

"Das ist eine treffende Frage, und ich verstehe Ihre Überraschung. Dieses finstere, düstere, anormale Thema übte eine seltsame Anziehungskraft auf mich aus.

Puccinis Fassung der Oper "La Bohème"

Auch in der Oper *La Bohème* läuft ein düsterer Faden durch das ganze Stück - die kalte, trostlose Dachkammer, die öden Dächer und Kamine, der verarmte Rodolfo, der seine Manuskripte verbrennt, um sich zu wärmen, der quälende Husten der schwindsüchtigen Mimi, ihr tragischer Tod - diese ganze vom Hauch des Todes umgebende Atmosphäre, aber eine Atmosphäre, die es mir ermöglichte, mit jener höheren Macht, die wir Gott nennen, in Verbindung zu treten und die Inspirationen aus ihr zu schöpfen, die mich, nachdem ich sie in die richtige Form gebracht hatte, berühmt machten. Wenn Sie den Vorhang zum I. Akt von *La Bohème* aufgehen sehen, erleben Sie den armen Musikstudenten Giacomo Puccini des Mailänder Konservatoriums. Meine ärmliche Behausung ist im I. Akt dargestellt.

Als ich Henri Murgers Roman *La Vie de Bohème* als Grundlage für einen Operntext wählte, beauftragte ich Illica, den Verfasser meines Librettos, die Szenerie genau nach meiner Beschreibung jenes dürftigen Zimmers zu gestalten, in dem ich als Student im Mailänder Konservatorium gewohnt hatte. Jedesmal, wenn ich *La Bohème* höre, sehe ich im Geist jene traurige Aussicht vor mir - jene öden Kamine und den ganzen Schmutz, der meine Jugend vergiftete. Ich ernährte mich von Brot, Bohnen und Heringen und fror machmal so sehr, daß ich tatsächlich, wie Rodolfo in der Oper, die Manuskripte meiner ersten Kompositionsversuche verbrannte, um mich zu wärmen."

"Gab es keine ausgleichenden Momente oder erhielten Sie keine Aufmunterung von Ihren Lehrern am Koservatorium?"

"Amilcare Ponchielli und Antonio Bazzini, bei denen ich Kompositionslehre hörte, meinten, ich hätte Talent, und mein Erstlingswerk, eine *Sinfonia Capriccio*, wurde von Filippo Filippi in der Zeitung 'Perseveranza' gelobt, aber es war mir nur ein geringer Trost. Ich sehnte mich nach all den schönen Dingen, die mir so gänzlich fehlten. Während jener Jahre am Konservatorium litt ich so sehr unter Armut, Kälte, Hunger und Elend, daß mein Herz verbitterte und meine Seele verkam. Ich führe die morbide Anziehungskraft, die *La Tosca* auf mich ausübte, auf jede Zeit der Armut zurück. Es ist wahrscheinlich eine psychologische Reaktion."

"Aber all das Elend, das Sie so anschaulich beschreiben, konnte Ihr schöpferisches Feuer nicht auslöschen. *La Bohème, Tosca* und nun *Butterfly* bezeugen diese Tatsache. Der große britische Dichter Thomas Gray schreibt in seiner berühmten Elegie:

In kalter Armut starb des Strebens Glück,
Versiegte auch des Geistes Schaffenskraft.

Die Philosophie Grays bezieht sich bestimmt nicht auf Sie."

"Stimmt. Ich erhob mich über sie hinaus, aber jene Zeit der 'kalten Armut' verdüstert meine Erinnerung."

Es klopfte nicht weniger als siebenmal während dieser Unterhaltung. Puccini hatte uns eingeschlossen, sobald er den Zweck meines Besuches erfahren hatte, und nahm von dem Pochen keinerlei Notiz, bis eine Stimme rief: "Aprite, aprite, Ricordi!" (Mach auf, Ricordi), worauf der Maestro sagte: "Das ist mein Verleger. Ich kann ihn nicht unbeachtet lassen wie die anderen. Kommen Sie nach Torre del Lago. Dort sind wir ungestört. Ich komponiere dort."

Er gab mir einige Anweisungen, wie ich den Ort erreichen würde, und als ich ihn bat, ihn näher zu beschreiben, wurde er gesprächig und führte aus: "Die Schilderung von Torre del Lago steht in allen Litaneien über die heilige Jungfrau - Turis Eburnea, Domus Aurea, Foederis Arca -, es ist ein Turm aus Elfenbein, ein goldenes Haus, eine echte Bundeslade. Sie werden es lieben. Besuchen Sie mich in drei Tagen. Wir können dort nach Herzenslust über die Inspiration sprechen, ohne von solch teuflischem Klopfen an der Tür gestört zu werden. Ich interessiere mich sehr für Ihre Arbeit, und wenn ich Ihnen helfen kann, wird es mich sehr freuen."

"Sie haben mir schon äußerst wertvolles Material für mein Buch geliefert, das so gänzlich anders ist als die Mitteilungen, die mir Brahms und Strauss machten."

"Ich konnte Ihnen gegenüber so frei reden, weil Sie Italienisch sprechen. Ich kann weder Englisch noch Deutsch. Ich spreche Französisch, aber ich hätte Ihnen mein Inneres nie so offenbaren können, wie ich es in meiner Muttersprache getan habe."

In Lucca in Toscanien setzte Paganini im Jahre 1807 den Hof von Napoleons Schwester, Maria Anna Elise (Prinzessin Baccioli), mit seinem Glanzstück auf der G-Saite in Erstaunen. Er nannte es *Napoleon*, und es ist bis zum heutigen Tage eine glänzende Zugnummer für einen erstklassigen Virtuosen geblieben. Am besten spielten es Erica Morini und Ruggiero Ricci.

Lucca liegt in der Nähe von Torre del Lago; im Jahre 1904 war es noch ein winziges Fischerdorf am Ufer des Massaciuccoli-Sees. Hier fand Puccini die Einsamkeit, die er so sehr brauchte.

"Hier habe ich die Abgeschiedenheit und Zurückgezogenheit gefunden, die für mich unbedingt notwendig sind, wenn ich komponiere", sagte er nach der Begrüßung zu mir. "Mozart und Schubert konnten inmitten der größten Unruhe und Heiterkeit komponieren, aber ich kann es nicht. Ich muß unbedingt allein und ungestört sein."

"Dasselbe, was Brahms mir sagte", rief ich aus, "Sie befinden sich also in guter Gesellschaft. Brahms wurde jedoch einige Male mit freilich unheilvollen Folgen gestört. Ist niemals jemand in Ihre Träumereien hereingeplatzt?"

"Ja, der Pfarrer des benachbarten Dorfes störte mich einmal, nachdem ich fünf Wochen lang wie besessen an *La Bohème* gearbeitet hatte. Er brach in meine Einsamkeit ein, da er um mein Seelenheil bangte; aber ich versichere Ihnen, er wird es nicht wieder tun."

"Und was macht Sie so sicher?"

"Der Ausdruck unsagbaren Entsetzens auf seinem Gesicht, als ich ihm erklärte: 'Nun hören Sie mal, mein guter Padre; wenn Sie mich wieder beim Komponieren stören, schwöre ich ihnen, daß ich aus der katholischen Kirche austrete und Protestant werde.' Ich wußte aus früheren Unterhaltungen, daß er wirklich meinte, es könne mich kein schlimmeres Unheil treffen. Außerdem fügte ich jener gräßlichen Drohung hinzu, es gäbe noch andere Wege außer der Beichte und dem Besuch der Messe, um mit Gott zu verkehren. Wenn ich komponiere, spüre ich, daß er mir nahe ist und mein Tun gutheißt.

Der arme Kerl schaute so bestürzt drein, daß ich ihm beinahe ins Gesicht gelacht hätte."

"Wie reagierte er auf Ihre Drohung, Protestant zu werden, falls er Sie wieder belästigen würde?"

"Er machte mit großer Heftigkeit das Zeichen des Kreuzes und rief: 'Vi faccio il segno della croce per scongiurare il demone che vi ha costretto a dire ciô.' (Ich mache das Zeichen des Kreuzes, um den Dämon auszutreiben, der Sie zwang, dies zu sagen.)

Er meinte es gut und steht am richtigen Platz", fügte Puccini hinzu, "er ist ein großer Trost für diese armen, unkultivierten Fischer von Torre del Lago."

Puccini schien es als selbstverständlich anzunehmen, ich sei katholisch. Ich sah keinen Zweck darin, ihm mitzuteilen, daß dem nicht so sei. Vielleicht hätte er nicht so frei mit mir über den Pfarrer geredet, wenn er gewußt hätte, daß ich protestantisch war.

"Bitte, Maestro, sagen Sie mir, wie Sie komponieren. Ich hätte gern einige Einzelheiten für mein Buch. Fällt es Ihnen leicht?"

"Im Gegenteil, ich komponiere unter großen Schwierigkeiten, das heißt, der Vorgang (il modo di agire) verläuft bei mir sehr langsam und mühevoll. Ich gehöre nicht zu jener Gruppe von Komponisten, deren leuchtende Beispiele Mozart und Rossini waren. Rossini schrieb den *Barbier von Sevilla* in zwei Wochen. Ich schufte schon drei Jahre an *La Bohème*; es waren Jahre voller Kummer, Bedrängnis, Seelenqualen, Pein, Marter und schmerzvollen geistigen Leidens. Ich war gemartert (sono stato crucciato)".

"Aber Maestro, wie ist das möglich? Die Musik von *La Bohème* scheint so leicht und frei dahinzufließen."

"Das sagt Mascagni, obwohl er weiß, daß die Teile, die am ungezwungensten klingen, gerade diejenigen sind, an denen ich am härtesten arbeitete."

"Dies allein schon ist eine geniale Leistung. Den Anschein der Leichtigkeit in etwas zu erwecken, was für Sie so schwer war, ist eine seltene Gabe."

"Verstehen Sie mich nicht falsch, Mr. Abell. Die Ideen strömen mir wohl zwanglos zu, aber sie in die richtige Form zu bringen - die Form, die den Erfolg verbürgt -, war eine Herkulesarbeit (una consegna erculea). Fragen Sie Illica. Er weiß es besser als Mascagni. Immer wieder sagte er zu mir: 'Mit dir arbeiten, Giacomo, ist die Hölle. Selbst Jobs Geduld könnte solche Qualen nicht ertragen.'

Ich muß zugeben, daß Illica es schwer hatte. Ich verlangte viele

Änderungen im Text; er mußte das ganze Libretto dreimal umschreiben, einige Teile sogar fünfmal. Aber schließlich mit Hilfe Giacosas, meines zweiten Librettisten, wurde es fertig."

"Ich bin fasziniert. *La Bohème* gewinnt für mich eine ganz neue Bedeutung, wenn ich sie wieder einmal höre. Welcher Akt bereitete Ihnen den größten Kummer?"

"Der vierte. - Ich wollte, daß Mimis Tod ans Herz rühre, aber ohne allzu große Dramatik im Orchester. Ich mühte mich tagelang mit dieser einen Szene ab, und nach langem Überlegen beschloß ich, daß länger ausgehaltene Akkorde die Zuhörer am besten auf die herzzerreißende Klage Rodolfos ,Che vuol dire quell`andare e venire` vorbereiten würden.

Ich versichere Ihnen, daß kein Zuhörer im Theater halb so gerührt ist, wie ich es war, als ich die Schlußnoten zu *La Bohème* schrieb. Ich brach zusammen und weinte wie ein Kind, so mächtig war mein Schmerz.

Puccinis glühende Verehrung für den Dirigenten Toscanini

Signor Abell, haben Sie schon Toscanini als Dirigent von *La Bohème* erlebt?" fragte der Maestro.

"Nein, leider war es mir noch nicht vergönnt. Ich bin ihm überhaupt noch nicht begegnet."

"Nun, dann steht Ihnen noch ein großes Ereignis bevor. Kein anderer Dirigent holt aus meiner Musik so viel heraus wie er. Toscanini dirigierte die Premiere von *La Bohème* in Turin. Er war damals erst 29 Jahre alt. Seine Interpretation war mehr als eine großartige Wiedergabe - es war eine wirkliche Nachschöpfung. Ich saß wie gefesselt da. Toscanini und ich stimmen nicht in allem überein; wir streiten heftig und beschimpfen uns, aber wir versöhnen uns immer wieder, weil wir uns als Musiker wirklich gegenseitig achten. Ich bin neun Jahre älter als er, aber in vieler Hinsicht ist er musikalisch weiter als ich. Er ist ein Genie! Unter seinem Zauberstab leuchtet meine, Wagners und Verdis Musik; die Art und Weise, wie er diese Leuchtkraft in Klang verwandelt, entzieht sich jeder Beschreibung.

Toscanini dirigiert alles aus dem Gedächtnis. Sein sagenhaftes Gedächtnis bringt alle übrigen Dirigenten zum Verzweifeln. Als ich ihn bei der Premiere in Turin das Orchester und die Sänger vier Akte der *Bohème* hindurch dirigieren sah, nicht eine einzige Note vor sich auf dem Pult, war mir, als mußte ich die Worte des Nicodemus wiederholen, die er zu Jesus sagte: ,Rabbi, wir wissen, daß Gott dich gesandt hat, um zu lehren; denn niemand kann die Wunder tun, die du tust, es sei denn, Gott ist in ihm.`

Toscaninis Interpretationen sind tatsächlich Wunder, und sein unvergleichliches Gedächtnis ist eine kosmische Offenbarung. Toscanini ist Gott nahe, wenn er dirigiert."

Erst 1910, sechs Jahre nach diesem Gespräch, hatte ich Gelegenheit, Toscanini zu hören. Auf dem Programm stand Verdis *Falstaff*. Seitdem habe ich ihn oft gehört und kann wahrhaftig sagen, daß Puccinis Lob vollauf berechtigt war. Toscanini schöpft ebenso sicher wie Brahms, Strauss und Puccini aus der Göttlichkeit. Seine Interpretationen sind Nachschöpfungen.

Nach der *e-Moll-Symphonie* von Brahms äußerte ich einmal Toscanini gegenüber, seine Interpretation hätte Brahms viel Freude bereitet. Als Gatti-Casazza mich dem Maestro nach der Aufführung des *Falstaff* an der Metropolitan Oper im Jahre 1910 vorstellte, sagte er: "Mr. Abell war mit Brahms gut bekannt." Das interessierte Toscanini sehr, und er stellte mir viele Fragen über den großen Komponisten, dessen Musik er verehrte.

40 Jahre später übersandte er mir ein Photo mit folgender Widmung: Arthur Abell in dankbarer und herzlicher Erinnerung.

Puccini spricht über die verschiedenartige musikalische Ausdrucksweise berühmter Tonschöpfer (Wagner - Verdi - Donizetti)

"Maestro", sagte ich, "manches in *Tosca* ist mir nicht klar, besonders die mangelnde Übereinstimmung zwischen der Musik und dem Text. Sie scheinen miteinander zu streiten. In der Arie Toscas 'Vissi d` arte' im 2. Akt fehlt zum Beispiel jede Übereinstimmung mit der Situation und den Umständen. Wie kann sie in einem Erguß von lyrischer Schönheit schwelgen, wo sie doch weiß, daß der wollüstige Scarpia voller Ungeduld wartet, um sie zu schänden?"

"Das ist einer meiner Tricks auf der Opernbühne. Sie haben recht; die Musik und die Handlung liegen im Streit, aber solche falschen dramatischen Situationen üben eine sonderbare Anziehungskraft auf mich aus.

Ich gestehe, daß die Arie nichts enthält, was die Verzweiflung und Hoffnungslosigkeit Toscas zum Ausdruck bringt. Sie weiß, ihr Geliebter wird im Nebenzimmer gefoltert, und sie kann ihn vom Tode nur retten, wenn sie ihre Ehre opfert. Nichts von alledem liegt in der Musik. Hier erkennen Sie wiederum eine sonderbare psychologische Reaktion bei mir."

"Die Leichtigkeit und Gewandtheit, mit der Sie die menschliche Stimme und das Orchester behandeln, weist aber darauf hin, daß Sie in der Musik die wirklichen Gefühle Toscas hätten ausdrücken können, wenn Sie gewollt hätten."

"Das stimmt. Ich hätte es tun können, aber ich spürte den Drang, dem Ausdruck zu verleihen, was ich und nicht Tosca empfand. Richard Wagner hätte diese Situation kraftvoller und dramatischer behandelt, aber ich bin kein Wagner. Er hätte die Musik mit einer Tiefe an tragischem Leid belastet, die meine Kraft weit übersteigt. Kein Italiener könnte die Ouvertüre zum *Fliegenden Holländer* schreiben, das strahlende, leidenschaftliche, erschreckende Bacchanale des Walkürenrittes oder Brünhildes Erwachen mit seiner blendenden Leuchtkraft (abbagliante fulgidezza). Wagner war das Meistergenie der Opernbühne. Verdi öffnete mir den Blick für die großartigen Musikdramen Wagners."

"Wohl", sagte ich, "und doch ziehe ich *Aida, Othello, Rigoletto* und den *Troubadour Falstaff* mit seinem starken Wagner-Einfluß vor."

"Ich auch. Jene frühen Opern zeigen den wahren Verdi besser als *Falstaff*. Aber ich bin erstaunt, daß er ihn schrieb. Nichtsdestoweniger war Verdis Muse im wesentlichen tragisch und nicht komisch.

Wir Italiener lieben den Wohlklang auch bei tragischen Situationen. Verdis wunderbare Ensemblemusik - seine Duette, Trios und Quartette - voll tiefen Gefühls ergreift seit über einem halben Jahrhundert die Zuhörer auf der ganzen Welt. Er war auch ein Komponist mit großer dramatischer Wucht.

In einer Beziehung übertreffen wir Italiener die deutschen Komponisten, nämlich in der Fähigkeit, unendliche Traurigkeit in der Dur-Tonart auszudrücken. Nehmen wir als Beispiel die letzte Szene in *Rigoletto*. Welch unaussprechlich traurige, herzergreifende Situation! Der verzweifelte Vater findet in dem Sack, den er in den Fluß werfen will, seine eigene geliebte, sterbende Tochter statt der Leiche des Herzogs; sein Gram wird noch größer, als er ihr Geständnis hört: (Puccini geht ans Klavier, singt und spielt) *Vi ho inqannata - colpevole fui; L`amai troppo - ora muoio per lui!* (Ich habe dich getäuscht - ich bin schuldig. Zu sehr liebte ich ihn - nun sterbe ich für ihn!)

Gibt es etwas Tragischeres? Und doch bringt Verdi die Szene in einer wunderschönen, rührenden, lyrischen Melodie in Des-Dur: *Lossa in cielo, vicina alla madre. In eterno per voi pregero.* (Im Himmel, an der Seite meiner Mutter, erklingen meine Gebete für dich.)

Wir finden eine ebenfalls hoffnungslose Situation im letzten Akt der *Aida*. (Puccini spielte das herzergreifende Thema in Ges-Dur und sang.) *O terra, addio! addio valle di pianti. Sogno di gaudio che in dolor svani.*" (O Erde, lebewohl! Lebewohl, Tal der Tränen. Traum der Freude, der im Leid ertrank.)

"Äußerst interessant, wie Sie Verdi so spielen und singen. Könnten Sie mir noch ein Beispiel nennen, wie großes Leid in der Dur-Tonart geschildert wird?"

"Ein noch auffallenderes Beispiel ist das ‚Lucia-Sextett`. Edgardo und Lucia sind zutiefst verzweifelt - so sehr, daß Lucia schließlich dem Wahnsinn verfällt und Edgardo Selbstmord begeht; und was finden wir in der Singstimme? Zuckerpflaumen! Süßen Honig! - obwohl Lucia singt: *Mi tradi la terra e il cielo! Vorrei piangere, e non posso mi abbandona il pianto ancora*. (Ich bin von Himmel und Erde verraten! Weinen möcht` ich, doch Tränen sind mir versagt. Verzweiflung verzehrt mein Herz.)

Dieses Sextett wird mit Recht als die berühmteste Opernensemble-Weise, die jemals geschrieben wurde, angesehen. Es ist ein Meisterwerk der Polyphonie, aber Donizetti opfert die dramatische Wucht zugunsten des Wohlklangs.

Haben Sie schon von Josef von Wasielewski gehört?" fragte Puccini nach kurzer Pause.

"Ja, ich kannte ihn gut. Ich traf ihn 1891 in Weimar, wo sein Bruder, Major von Wasielewski, wohnte. Er überreichte mir ein Exemplar seines Buches 'Die Violine und ihre Meister'."

"Es freut mich, daß Sie ihn kennen. Er war ein berühmter Mann. Jenes Buch ist das bedeutendste seiner Art. Wasielewski war eng mit Antonio Bazzini befreundet, bei dem ich Kompositionslehre am Mailänder Konservatorium studierte."

"Wie interessant", sagte ich. "Ich habe sein *Ronde des Lutins* oft von Sarasate, Thomson und Burmester spielen hören, und einmal Wilhelmji, der das *Allegro de Concert* mit Orchesterbegleitung spielte."

"Als Junge hörte ich Bazzini diese Stücke spielen; er war ein glänzender Künstler und bereiste ganz Europa als Violinvirtuose, bevor er Lehrer und später Direktor des Konservatoriums in Mailand wurde. Er spielte Paganini als Wunderkind vor und war eng befreundet mit Ernst, dem er die *Ronde des Lutins* widmete. Das *Allegro de Concert* dedizierte er Spohr, dessen majestätischen Stil er sehr bewunderte. Bazzini lebte fünf Jahre lang in Deutschland, und er wies mich darauf hin, was Wasielewski über die italienische Vorliebe für den Wohlklang schrieb."

Puccini zitierte Wasielewskis eigenen Worte, obwohl er kein Deutsch konnte; Bazzini, der es fließend sprach, hatte ihn diesen einen Satz gelehrt: 'Die Italiener haben einen ausgeprägten, angeborenen Sinn für elementaren Wohlklang.'

Hier haben Sie die Grundlage, auf der Donizetti, Verdi und ich aufbauten, als wir die dramatische Tiefe dem Wohlklang opferten. Dies ist der eigentliche Grund für die Abirrungen in *Rigoletto, Aida, Lucia* und *Tosca*. Ich habe Ihre Aufmerksamkeit nur auf diese vier Fälle gelenkt; es gibt noch weitere, aber die genügen, um meine Feststellung zu erläutern. Denken Sie darüber nach, Signor Abell. Vergleichen Sie italienische Opern mit deutschen, und Sie werden überzeugt sein, daß wir Italiener den Schmerz, die Traurigkeit und das Leid viel wirkungsvoller als die Deutschen in der Dur-Tonart ausdrücken können. Sie greifen auf Moll zurück, um dieselben Gefühle zu veranschaulichen."

"Aber Sie erklärten doch, kein Italiener hätte mit solch dramatischem Ungestüm wie Wagner schreiben können."

"Das stimmt. Werfen wir einen kurzen Blick auf den *Ring*. In diesem gigantischen Werk eröffnete Wagner eine neue Sicht der Inspiration und der Kunstfertigkeit. Welch musikalischen Bilder läßt er vor uns erstehen! Wer außer ihm hätte es wagen können, 136 Takte lang, wie im *Rheingold*, den Es-Dur-Akkord beizubehalten, und doch moduliert er viermal innerhalb eines Taktes in der *Tannhäuser*-Ouvertüre. Welche Wendigkeit, welch technisches Geschick! Welch übermenschliche Zärtlichkeit in Wotans Abschied von Brünhilde, und in welch dramatische Höhen stößt er in der Opferszene vor. Mir gefällt die Rolle des Mime nicht, aber ich erkenne die Größe der Aufgabe, eine solche Rolle zu schreiben, durchaus an.

Für mich stellen die Geduld und Ausdauer die tiefsten Geheimnisse der Schöpfung Wagners, dar. Verdi sagte mir, der *Ring* enthalte nicht weniger als 3 000 Seiten Orchestermusik. Ich bin gelähmt, wenn ich auch nur daran denke. Bei all meiner Bewunderung für Wagner muß ich gestehen, daß mir Verdis Opern ebensoviel, wenn nicht mehr Freude bereiten als Wagners Opern, da sie so viel lyrische Schönheit aufzuweisen haben. In Mimes oder Alberichs Rolle liegt keine Schönheit.

Wie Puccini die Oper "Tosca" komponierte

In Florenz sah ich einmal Sarah Bernhardt in der Tragödie von Sardou", fuhr Puccini fort. "Ihr Spiel beeindruckte mich ungeheuer, desgleichen die Tragfähigkeit ihrer Stimme. Einer Stradivarius gleich reichte sie bis in die fernsten Winkel des Theaters. Es kam mir damals aber nicht in den Sinn, jemals eine Oper auf der Grundlage von Sardous Tragödie zu schreiben. Auf Ersuchen von Franchetti verfaßte Illica das Textbuch, das ich später benützte."

"Wie interessant!", rief ich. "Das ist mir alles neu. Fahren Sie bitte fort. Ich bin ja so neugierig zu erfahren, wie es dazu kam."

"Verdi erkannte als erster die dramatischen Möglichkeiten des Textes; er meinte, dieser sollte vertont werden; aber er selbst sei zu alt dafür. Ich war bei diesem Gespräch nicht anwesend, aber Ricordi berichtete mir dessen Inhalt. Er kam auch auf den Gedanken, daß ich und nicht Franchetti die Oper komponieren sollte. Wir befanden uns damals in Lucca. Im gleichen Augenblick, da Ricordi seine Erzählung beendet hatte, läuteten die Kirchenglocken von Lucca. Er sprang vom Stuhl auf und rief: "Giacomo, die Kirchenglocken, da hast du das Vorspiel zu deiner *Tosca*."

"Wie romantisch", rief ich aus. "Wenn ich die Glocken in *Tosca* wieder einmal höre, werde ich zwangsläufig an diese Geschichte erinnert."

"Ich machte mich sofort an die Arbeit. Die ruhige Atmosphäre in Torre del Lago war ideal für *La Bohème* und *Manon*. Ich schrieb jede Note dieser beiden Opern in diesem Zimmer hier. Ich spürte jedoch, daß ich für den grausamen, mitleidlosen Scarpia eine abstoßende Landschaft finden müßte, und wählte Chiatri, ein winziges Dorf hoch oben in den Bergen, nicht weit von hier. Ich kannte den Ort, da ich als Kind viele Wochen in einem romantischen, alten, verfallenen Haus, das meinem Vetter gehörte, verbracht hatte. Später kaufte ich es und ließ es renovieren. Ich nahm ein Klavier von Lucca mit, und in völliger Abgeschiedenheit arbeitete ich nun an *Tosca*. Elvira (Puccinis Frau) protestierte heftig, daß sie an einem solch gottverlassenen Ort wohnen müsse, aber ich fand dort die Einsamkeit, die ich brauchte. Elvira schrieb an Ricordi: 'Giacomo schenkt der *Tosca* das Leben, aber mich bringt er um.'

Eines Tages brachte mir ein Geißhirte ein Telegramm von Ricordi: 'Komme sofort. Sardou erwartet Dich in Paris; er möchte mir Dir über *Tosca* sprechen.'

Nur eine solche Aufforderung konnte mich aus meinem Adlerhorst vertreiben. Das Gespräch mit Sardou verlief jedoch enttäuschend; er steuerte nichts bei, was ich nicht schon selbst erfunden hätte. Viele Gedanken des Textbuches stammen von mir. Die kirchliche Atmosphäre zum Beispiel geht auf meine eigenen Kenntnisse über die Kirche zurück. Ich nahm viele Änderungen an Illicas und Giacosas Bearbeitung der Tragödie Sardous vor. Im ursprünglichen Libretto sollte Cavaradossi ein bombastisches Abschiedslied singen. Ich erkannte, daß ein Mensch, der nur noch eine Stunde zu leben hat, sie nicht so verbringen würde, weshalb ich den Wortlauf seiner Arie selbst verfaßte, *E lucevan le stelle* (Und es leuchten die Sterne).

Ich wollte unbedingt wissen, wie die Kirchenglocken wirklich klingen, reiste deshalb nach Rom und saß mehrere Tage lang auf den Stufen des Brunnens vor dem St.-Peters-Dom, um den Glocken zuzuhören. Die große ist auf E gestimmt. Ich hatte Notenpapier bei mir und zeichnete den Klang der Glocken auf, den man in der Oper hört."

"Vermutlich übte die vom Hauch des Todes umgebene Atmosphäre in *Madame Butterfly* große Anziehungskraft auf Sie aus", warf ich ein, als der Maestro sein Gespräch über *Tosca* beendet hatte.

"Ja. Ich hörte *Tosca* im Jahre 1900 in Covent Garden, und am nächsten Abend nahm mich ein Freund zu einem Schauspiel *Madame Butterfly* mit. Ich war vom Spiel und den musikalischen Möglichkeiten begeistert. Ich spreche kein Wort Englisch, konnte aber doch folgen. In diesem Theater begegnete ich David Belasco, der *Butterfly* schrieb. Er war von New York nach London gekommen, um der ersten englischen Aufführung beizuwohnen.

Ich eilte nach Torre del Lago zurück und begann die Arbeit an *Butterfly*. Sie beschäftigte mich fast vier Jahre lang. Ich nahm viele Veränderungen im Textbuch vor. Illica und Giacosa protestierten, gaben aber schließlich meinen Wünschen nach."

An dieser Stelle setzte sich Puccini ans Klavier und spielte das schöne Motiv mit den einfachen Akkorden in B-Dur am Ende des 2. Aktes, wo Butterfly geduldig die ganze Nacht über auf die Rückkehr ihres geliebten Mannes wartet. Dann erhob Puccini sich, machte eine stürmische Bewegung mit der Hand und rief aus: "Dieses Zimmer hier hat schon viele berühmte Besucher beherbergt. Mascagni und Leoncavallo kamen oft; hier begegnete ich Caruso zum ersten Mal."

Puccini und Caruso

"Erzählen Sie doch bitte darüber. Caruso ist der größte Tenor, den ich je gehört habe. Die Geschichte der Begegnung mit ihm würde die Leser meines Buches sehr interessieren."

"Eines Tages meldete mir Manfredi (Puccinis Diener), ein junger Mann namens Caruso wünsche, mich zu sprechen. Der Name sagte mir nichts, doch ich ging zur Tür und fragte: 'Chi e lei?' (Wer sind Sie?) Als Antwort sang der Fremde die Worte Rodolfos aus *La Bohème*: 'Chi sono? Sono un poeta.' (Wer bin ich? Ich bin ein Dichter.)

Erstaunt über die wundervollen Töne, die der Kehle des jungen Mannes entströmten, schloß ich ihn in die Arme und rief: 'Sie sind der ideale Rodolfo. Sie müssen die Rolle singen.'

'Deshalb bin ich gekommen, Maestro, und bitte Sie, es mir zu ermöglichen, bei der Aufführung von *La Bohème* demnächst in Livorno auftreten zu dürfen.'

Ich machte es möglich. Caruso errang einen sensationellen Erfolg in dieser Rolle. Während der Vorstellung verliebte er sich in Mimi (Ada Giacchetti), die später seine Frau wurde. Ihre beiden Kinder nannten sie Rodolfo und Mimi. So begann meine Freundschaft mit dem berühmtesten Tenor unserer Ära."

Puccini arbeitete in Torre del Lago von 11 Uhr abends bis 2 Uhr morgens, da er tagsüber wegen des Lärms im Haus nicht arbeiten konnte.

Puccini im Frühjahr 1911 in Berlin

Sieben Jahre vergingen wie im Flug, und ich sah Puccini erst im Frühjahr 1911 wieder, als er nach Berlin kam. Wir amerikanischen Journalisten gaben ihm zu Ehren einen Empfang im "Hotel Adlon", dem alle Größen der Musikwelt Berlins beiwohnten. Tags darauf lud ich den Maestro zum Diner in mein Haus, wo er mir von der Premiere des *Mädchen aus dem goldenen Westen* berichtete, die an der Metropolitan im Dezember mit Arturo Toscanini als Dirigent, mit Caruso als Dick Johnson und Emmy Destinn als Minnie stattgefunden hatte. Bis auf den heutigen Tag habe ich diese Oper nicht gehört, aber Freunde, die bei der Premiere anwesend waren, hielten sie nicht für gleichrangig mit *La Bohème, Tosca* und *Butterfly*. Sich mochten den Einfluß Debussys und Ravels nicht, der Puccinis Wesen fremd war.

Der Maestro bekannte selbst, die Musik befriedige ihn nicht. Er sagte: "Es war eine Zeit häuslichen Leids für mich."

Giacomo Puccini (rechts)
mit seinem Librettisten Luigi Illica.

Von links nach rechts: Guilio Gatti-Casazza, Manager der Metropolitan Oper, David Belasco, Arturo Toscanini und Giacomo Puccini im Jahre 1910.

Arturo Toscanini mit einer herzlichen Widmung für Arthur M. Abell vom 19.11.1951.

Engelbert Humperdinck

Humperdinck berichtet über seine Gespräche mit Richard Wagner

Richard Strauss machte mich nach der sensationellen Weltaufführung von *Hänsel und Gretel*, die am 25. Dezember 1893 an der Berliner Königlichen Oper stattfand, mit Humperdinck bekannt. Aber erst zwölf Jahre später, im Jahre 1905, ersuchte ich Humperdinck, mir etwas von seinen geistigen Vorgängen beim Komponieren zu erzählen. Er zeigte großes Interesse an meinem Vorhaben, ein Buch über dieses Thema zu schreiben, aber anstatt mir seine eigenen Methoden zu enthüllen, sagte er:

"Mr. Abell, es wird für Sie und Ihre Leser interessanter und wertvoller sein, wenn ich zitiere, was Richard Wagner diesbezüglich mir gegenüber äußerte. Liszt nannte Wagner 'ein gehirnspaltendes Genie' - eine wunderbare Bezeichnung. Wagner vermittelte mir auch meine heutigen Kenntnisse über die Kompositionslehre; wenn ich mich mit ihm als Komponisten vergleiche, bin ich nur ein Säugling. Wagner war eng befreundet mit mir, und auf seine Bitte hin assistierte ich bei den Vorbereitungsarbeiten zum *Parsifal* in Bayreuth im Jahre 1880-1881 und sah 16 Vorstellungen dieses erstaunlichen Musikdramas im Sommer 1882.

Richard Wagner über die Inspiration und den Vorgang des Komponierens

Unser erstes Gespräch über die Eingebung fand im Jahre 1880 statt. Ich bringe Ihnen den Wortlaut Richard Wagners, den ich in meinem alten Tagebuch festgehalten habe, da ich die überragende Bedeutung seiner Offenbarungen sofort erkannte. Das Gespräch verlief folgendermaßen. 'Gleich zu Anfang, Engelbert, möchte ich feststellen, daß die Inspiration ein sehr ausweichender Gegenstand ist, der sich nicht so leicht beschreiben läßt und über den wir sehr wenig wissen. Wenige verstehen es, aus dieser Quelle zu schöpfen, worin wohl der Grund liegt, warum so wenig darüber bekannt ist.

Ich bin überzeugt, daß allumfassende Ströme göttlicher Gedanken existieren, die überall im Äther schwingen, und daß jeder, der diese Schwingungen wahrnehmen kann, inspiriert wird, vorausgesetzt, er ist sich des Vorgangs bewußt und besitzt das Wissen und das Geschick, sie in überzeugender Weise darzustellen, sei er Komponist, Architekt, Maler, Bildhauer oder Erfinder.'

'Aus diesen Worten spricht eine tiefe Weisheit, Richard, aber könntest du mir etwas über deine eigenen Visionen jenes geheimnisvollen Reiches, aus dem du deine eigenen Inspirationen schöpfst, berichten?'

'Während meiner Arbeit, Engelbert, hatte ich viele wunderbare und belebende Erlebnisse in dem unsichtbaren Reich, die ich dir, einigermaßen wenigstens, beschreiben kann.

Ich glaube zunächst, daß diese universale, schwingende Kraft die menschliche Seele mit der allmächtigen Zentralkraft verbindet, aus der das Lebensprinzip stammt, dem wir alle unser Dasein verdanken. Diese Kraft stellt für uns das Bindeglied zur höchsten Macht des Weltalls dar, von dem wir alle ein Teil sind. Wäre es nicht so, könnten wir uns nicht in Verbindung damit setzen. Wer dies zu tun vermag, wird inspiriert.'

'Kannst du mir etwas näher die Empfindungen beschreiben, die du spürst, während du mit dieser göttlichen Kraft in Verbindung trittst?'

'Gern, Engelbert. Ich habe sehr bestimmte Eindrücke in diesem tranceähnlichen Zustand, der die Voraussetzung für jede wirklich schöpferische Bemühung ist. Ich spüre, daß ich mit dieser schwingenden Kraft eins bin, daß sie allwissend ist und daß ich aus ihr in einem Ausmaß schöpfen kann, das nur von meiner eigenen Fähigkeit begrenzt wird.'

'Warum konnte Beethoven sie sich in höherem Grade als Dittersdorf aneignen, um nur einen der vielen kleineren Komponisten jener Zeit zu nennen?'

'Weil Beethoven sich seiner Harmonie mit dem Göttlichen wesentlich mehr bewußt war als Dittersdorf. Beethoven hat das selbst gesagt. Wir besitzen den dokumentarischen Beweis dafür.'

'Kannst du mir aber erklären, Richard, warum Beethoven es vermochte, diese Quelle zu erschließen und Inspirationen aus ihr zu schöpfen, die zu den wertvollsten Vermächtnissen an die Menschheit gehören, während Dittersdorf nur drittrangige Ergebnisse erzielte?'

'Diese Frage ist äußerst bedeutsam, Engelbert. Ich glaube nicht, daß Gott sich einem Menschen stärker offenbart als dem anderen. Meiner Meinung nach stehen wir bei der Geburt alle in der gleichen Beziehung zu dieser Kraft. Vieles wirkt uns jedoch entgegen - Vererbung, Umgebung, Gelegenheit, frühere Einflüsse usw. Eine atheistische Erziehung zum Beispiel ist verhängnisvoll. Kein Atheist hat jemals etwas von bleibendem Wert geschaffen.'

'Das stimmt zweifellos, aber berichte bitte weiter von jenen wunderbaren, belebenden Erfahrungen, die du gerade erwähnt hast.'

'Sehr gern. Als der Schaffensdrang mich zwang, der inneren Unruhe, die meine Seele quälte, Ausdruck zu verleihen, schrieb ich die Pariser Fassung des Bacchanale im *Tannhäuser*. Das Maß meiner Inspiration war damals ein anderes als 15 Jahre früher, als ich die erste Dresdener Fassung komponierte. Heute klingt diese erste Version des Bacchanale vergleichsweise zahm und schal.'

'Welche Veränderungen waren in dir vorgegangen? Wie erklärst du dir den Unterschied?'

'Die Entwicklung, das Werden ist der Grund. Eine der interessantesten Seiten dieser Frage ist die Fähigkeit, sich zu entwickeln, was ich während dieser 15 Jahre auch spürte. Ich halte das spätere Bacchanale für eine meiner inspiriertesten Schöpfungen.'

'Ich auch, Richard, und das allgemeine Urteil lautet ebenso. Aber wie steht es mit dem *Ring, Tristan* und den *Meistersingern*?'

'Als ich diese späteren Werke komponierte, fühlte ich, daß meine Entwicklung noch weiter gediehen war und daß ich mir jene Kraft in noch höherem Maße zunutze machen konnte.

Große Komponisten wie Händel, Bach, Mozart und Beethoven haben uns keine Aufzeichnungen über ihre psychischen Erlebnisse hinterlassen. Eine wichtige Tatsache habe ich entdeckt: Nicht die Willenskraft, sondern die Phantasie, die Vorstellungsgabe wirkt schöpferisch. Vor meinem geistigen Auge sehe ich klar die Helden und Heldinnen meiner Musikdramen. Ich habe ein bestimmtes geistiges Bild von ihnen, bevor sie in meiner Musik Gestalt annehmen, und während ich diese geistigen Bilder festhalte, fällt mir die Musik

- die Leitmotive, Themen, Harmonien, Rhythmen, Instrumentation - kurz, der ganze musikalische Aufbau ein.

Die Phantasie ist die schöpferische Kraft, und dies trifft, meine ich, nicht nur für die musikalischen Schöpfungen, sondern auch für die äußere Erscheinungswelt zu. Nachdem Liszt zum Beispiel mit seiner erfolgreichen Aufführung meines *Lohengrin* in Weimar im Jahre 1850 meine düstere Stimmung gehoben hatte, begann ich die Arbeit am *Ring*. Während ich die vier Musikdramen komponierte, beschwor ich bestimmte Vorstellungen von einem speziellen Wagner-Theater, wo meine Werke aufgeführt werden könnten, und siehe da, es wurde Wirklichkeit! Meine Phantasie schuf es. Glaube mir, Engelbert, die Phantasie schafft die Wirklichkeit. Dies ist ein großes kosmisches Gesetz!'

'Bist du das einzige schöpferische Genie, das dieses wunderbare Gesetz entdeckt hat?'

Der Einfluß Shakespeares auf Richard Wagner und die Komposition der Oper "Rheingold" aus dem "Ring der Nibelungen"

'Im Reich der Musik, vielleicht. Jedenfalls haben weder Bach noch Beethoven irgendwelche Aufzeichnungen hinterlassen, daß sie sich bewußt waren, mit diesem Gesetz zu leben; aber die unsterblichen Werke, die sie uns vererbten, sind für mich der Beweis, daß sie es anwendeten. Sie taten es wahrscheinlich unbewußt, denn große schöpferische Genies arbeiten instinktiv.'

'Wie wunderbar, Richard, daß du der einzige bist, der in diese Höhen vordrang, den Schleier durchstieß und die tief verborgene Wahrheit erkannte.'

'Hier irrst du dich, Engelbert. Auf einem anderen Gebiet kannte das größte aller literarischen Genies, Shakespeare, dieses Gesetz und hat Beweise dafür hinterlassen. Nach ihm richte ich mich.'

'Kannst du irgend etwas von Shakespeare anführen, was deine Behauptung stützt? Das würde mich ungeheuer interessieren und wäre von höchstem Nutzen für alle Komponisten.'

'Da ich kein Englisch spreche, kann ich nicht auf das Original zurückgreifen, sondern bediene mich der Übersetzung von Schlegel und Tieck. Im 5. Akt, 1. Szene des *Sommernachtstraums* äußert sich Shakespeare über die schöpferische Phantasie:

Des Dichters Auge im schönen Wahnsinn rollend
Blickt auf zum Himmel, blickt zur Erde hinab;
Und wie die schwangeren Phantasiegebilde,
Von unbekannten Dingen ausgebiert,
Gestaltet sie des Dichters Kiel, benennt
Das luftige Nichts, und gibt ihm festen Wohnsitz.
So gaukelt die gewaltige Einbildung.

Im *Ring* findest du viele Beispiele für die Anwendung dieses Gesetzes. Als ich mit den Arbeiten am *Rheingold* im Jahre 1853 begann, lag ich gerade im Bett. Mir war plötzlich, als versänke ich in einer Wasserflut. Ich glaubte, auf dem Grund des Rheins zu liegen. Ich spürte und fühlte, wie das brodelnde Wasser über mich hinwegrauschte. Diese Empfindung nahm musikalische Gestalt im Es-Dur-Akkord an, der mit dem Kontra-Es in den Kontrabässen einsetzt. Ich empfand das Rauschen des Rheins als eine Figurierung jenes Dreiklangs, der unaufhörlich und mit zunehmender Bewegung dahinwogt und 136 Takte lang unverändert bleibt.'

'Richard, als ich *Rheingold* zum ersten Mal hörte, war ich über deine Kühnheit erstaunt, diesen einen Dreiklang 136 Takte hindurch beizubehalten. Kein anderer Komponist hat je gewagt, etwas Ähnliches zu versuchen. Ich weiß. daß du ein Bilderstürmer bist, aber ich hätte nicht geglaubt, daß du solch ein Wagnis riskierst. Welches war deine nächste Empfindung?'

'Ich befand mich im Zustand des Halbschlafes; beim Erwachen erkannte ich sofort, daß diese Vision inspiriert war, daß mein Vorspiel zu *Rheingold* in meinem inneren Bewußtsein Gestalt angenommen hatte. Dann begriff ich das eigentliche Wesen meiner innersten Natur, begriff, daß diese Vision des rauschenden Wassers symbolisch für meine zukünftigen musikalischen Schöpfungen sein sollte, begriff, daß der Strom meines Lebens aus mir selbst fließen sollte.'

Der Komponist der Märchenoper "Hänsel und Gretel" lehnt bescheiden Mitteilungen über eigene seelische Erlebnisse ab

Nach diesen wunderbaren Enthüllungen des größten aller Opernkomponisten, Richard Wagner, bat ich Humperdinck erneut um einige Hinweise auf seine eigenen psychischen und geistigen Vorgänge beim Komponieren. Er lehnte jedoch ab:

"Nein, Mr. Abell. Verglichen mit Richard Wagner sind meine eigenen Leistungen so schwach, daß eine Äußerung meinerseits lediglich ein Gegenpol wäre, ein schwacher noch dazu."

"Aber, Professor Humperdinck, mein Freund Oskar Bie, Musikkritiker des Berliner Börsenkurier und bekannte Autorität für Opernmusik, erklärt, daß *Hänsel und Gretel* auf mehr Bühnen als irgendeine andere Oper aufgeführt worden ist."

"Das stimmt vielleicht, aber dieser großartige, weltweite Erfolg ist größtenteils dem reizenden Märchen zu verdanken, auf dem das Libretto fußt; es kommt noch dazu, daß meine Oper dem Verismo eines Mascagni und Leoncavallo, wie er in der *Cavalleria Rusticana* und im *Pagliacci* verkörpert ist, entgegenwirkt. Engel steigen vom Himmel herab, um die Kinder im Wald zu beschützen; Hänsel und Gretel stoßen die fürchterliche alte Hexe in den Backofen; die kleinen Lebkuchenjungen und -mädchen erwachen wieder zum Leben: All dies findet ein weltweites Echo. Es ist eigentlich eine Geschichte für Kinder, aber im Herzen sind wir alle Kinder. Meine anderen Opern erlebten keinen solchen Erfolg, während nicht weniger als zehn Musikdramen Richard Wagners noch immer die treibende Kraft auf der Bühne darstellen."

Sechs Jahre nach diesem Gespräch, im Jahre 1911, bezifferte Oskar Bie, der über Opern besser Bescheid wußte als irgend jemand in Europa, die Tantiemen Humperdincks für ein Jahrzehnt (1900 bis 1910) auf über zwei Millionen Mark.

Empfang in Abells Berliner Heim zu Ehren von Engelbert Humperdinck, 1906

***Im Vordergrund** (von links nach rechts): Emil von Reznicek, Arthur M. Abell, Conrad Ansorge; **zweite Reihe**: Mme. von Reznicek, Mme. Humperdinck, Antonia Mielke, Leopold Godowsky, Xaver Scharwenka, Giovanni Lamperti, Elsa von Grave, Engelbert Humperdinck, Mme. Bornemann; **dritte Reihe**: Fritz Kreisler, Alberto Jonas, George Palmer, Mme. George Palmer, Etelka Gerster, Mme. Sacerdoti, Ludwig Pietsch, Mme. Abell, Mme. Scharwenka, Mme. Ansorge, Martin Krause, Otto Richter; **im Hintergrund**: Harriet Kreisler, Theodore Spiering, Mme. Godowsky, Mme. Rider Possart, Marie Loeser, Mme. Lamperti, Mme. Richter, Boris Lutzky, M. Katzenellenbogen, Tessa Haring, G. Katzenellenbogen.*

Max Bruch

Die Entstehung des bekannten g-Moll-Violinkonzertes

Das beliebteste Violinkonzert nach demjenigen Mendelssohns ist das *g-Moll-Violinkonzert* von Max Bruch. Es weist eine glückliche Mischung lyrischer und dramatischer Elemente auf, ist reich an hinreißenden melodischen Einfällen und besitzt große Originalität. Es ist ein dankbares Konzert für den Solisten, und seine kraftvollen Rhythmen wirken belebend und anregend. Es stellt nicht nur eindrucksvolle Musik dar, sondern ist auch vortrefflich für die Violine geschrieben.

Natürlich sind die Konzerte von Beethoven und Brahms bedeutendere Werke dieser Art, aber sie sind im wesentlichen Symphonien mit obligater Violine und können nur mit Orchester gespielt werden, während die Violinkonzerte Mendelssohns und Bruchs auch mit Klavierbegleitung äußerst wirkungsvoll zur Geltung kommen.

Joachim erzählte mir einmal, Mendelssohn selbst sei der Meinung, das Finale seines Konzertes brillierte mit Klavierbegleitung stärker als mit Orchester, weil die ersten Geigen, die dasselbe Thema um ein Drittel tiefer spielen, den Solopart in gewissem Grade dämpfen.

Es war mir vergönnt, mit Max Bruch viele Jahre lang eng befreundet zu sein, und ich fragte ihn einmal, warum er als Pianist sich der Violine so stark zugewandt habe, daß er drei Konzerte, seine *Schottische Phantasie* und verschiedene andere Werke für dieses Instrument geschrieben habe.

"Weil die Geige besser als das Klavier eine Melodie singen kann und die Melodie die Seele der Musik ist", antwortete er.

Außer mir wunderten sich andere, die Bruchs Virtuosität auf dem Klavier erlebt hatten, warum er nicht mehr Klavierwerke komponiert habe. Ich werde nie den erstaunten Blick Christian Sindings vergessen, als Bruch eines Nachmittags im Jahre 1912 in mein Haus in Berlin seine *Schottische Phantasie* mit Fritz Kreisler spielte. Sinding meinte hinterher: "Ich war überrascht, daß ein Künstler, der das Klavier so virtuos beherrscht, die Geige als Mittel schöpferischen Ausdrucks gewählt hat."

Eines Tages zeigte mir Bruch die Originalpartitur seines *g-Moll-Konzerts*, die er in seiner Wohnung in Friedenau, einer Vorstadt Berlins, aufbewahrte, und sagte dabei: "Mir sind meine schönsten Melodien im Traum eingefallen. Ich habe praktisch das ganze Konzert in einem schlafähnlichen Zustand komponiert, wobei ich allerdings bei Bewußtsein blieb."

Bruchs 2. und 3. *Violinkonzert* wurden nie so beliebt wie das *g-Moll-Konzert*, aber seine *Schottische Phantasie* wurde in Europa vor dem ersten Weltkrieg viel gespielt und ist auch heute noch gelegentlich in Amerika zu hören. Seine Choralwerke *Frithjof, Odysseus, Schön Ellen, Die Glocke, Gustav Adolf* erfreuten sich hohen Ansehens, als ich im Jahre 1890 ins Ausland ging. Ich hörte die 100. Aufführung der *Glocke* (nach der Ballade Schillers) in Berlin, wo Bruch große Ovationen bereitet wurden.

Im Wörterbuch von Grove ist über ihn zu lesen: "Bruch war einer der vollendetsten Musiker seiner Generation. Seine Werke, gleich welcher Art, verraten vollkommene Beherrschung des gewählten Ausdrucksmittels. Seine Melodien basieren auf dem Volkslied, aber nicht nur auf dem heimatlichen; deutsche Volkslieder, traditionelle hebräische Melodien, schottische und walisische Weisen ziehen ihn gleichermaßen an, und aus jeder verwertet er etwas, macht aus der einen das typische deutsche Lied, aus anderen brillante Instrumentalwerke wie zum Beispiel *Kol Nidrei* und die *Schottische Phantasie*, in der die Ansätze einer Volksliedmelodie zu einer Art kosmopolitischer Kantilene entwickelt werden."

Es ist interessant zu bemerken, daß ein so hervorragender Musikkenner wie Hugo Riemann in seiner Beurteilung Bruchs als Komponist irrte. Riemanns Wörterbuch war in Deutschland dasselbe, was "Groves Dictionary" in den englischsprechenden Ländern noch heute ist. Riemann behauptete immer, daß Bruch nach seinem Tode hauptsächlich wegen seiner Chorwerke in allgemeiner Erinnerung bleiben werde. Die öffentliche Meinung hat dieses Urteil korrigiert, denn der Name Bruch verbindet sich heute sofort mit seinem *g-Moll-Konzert*, mit *Kol Nidrei* und der *Schottischen Phantasie*.

Max Bruch spricht über Inspiration

Ich führte viele Gespräche mit Bruch über die Frage der Inspiration. Das erste Mal, als wir im Jahre 1907 darüber sprachen, skizzierte ich ihm die Äußerungen von Brahms, Strauss und Puccini und die Enthüllungen Humperdincks über Wagners psychische Erlebnisse. Er zeigte sich tief beeindruckt.

"Das sind wunderbare Offenbarungen", sagte er. "Ich habe oft darüber nachgedacht, doch nun höre ich zum ersten Mal Einzelheiten über die inneren, verborgenen seelischen Prozesse berühmter Komponisten beim Schaffen ihrer Werke. Die Erlebnisse Wagners bei den Arbeiten zum Vorspiel von *Rheingold* sind besonders bemerkenswert. Auch die Äußerungen von Brahms interessieren mich lebhaft. Ich pflichte ihnen allen bei. Wenn ein Komponist etwas von bleibendem Wert schafft, steht er der ewigen Kraft, aus der alles Leben hervorgeht, direkt gegenüber und schöpft aus ihr.

Ich habe jedoch beobachtet, daß man gewisse Gesetze beachten muß, von denen die zwei wichtigsten Einsamkeit und Konzentration heißen. Brahms hatte recht mit der Erklärung, er müsse unbedingt allein und ungestört sein. Ein Komponist muß in der Stille auf die Anweisungen einer Kraft warten, die seinem Verstand überlegen ist. Weiß er, wie er die Verbindung zu jener Kraft herstellen kann, so wird er zum Projektor, der das Unendliche und Unsichtbare in die Welt des Sichtbaren oder, beim Komponisten, in die des Hörbaren überträgt. Meiner Meinung nach ist ein großer Komponist nicht so sehr die Widerspiegelung Gottes, wie man behauptet hat, sondern vielmehr der Ausdruck Gottes auf der Erde. In dem Maße, wie er diese tiefe Wahrheit erfaßt, offenbart er der sichtbaren und hörbaren Welt das Göttliche in sich."

"Dr. Bruch", rief ich, "dies ist äußerst aufschlußreich. Sie sind an dieses wichtige Problem von einer anderen Seite als die übrigen Komponisten herangegangen. Fahren Sie doch bitte fort."

"Ich lebte drei Jahre in England und kannte Robert Browning recht gut. Von ihm lernte ich viel. Das allgemeine Leserpublikum verstand ihn nicht, da er für den Durchschnittsmenschen zu hoch und zu philosophisch schrieb. Er erkannte die fundamentale Wahrheit, daß die

Phantasie und die Seele aus derselben Quelle stammen, worüber er sich in großer Klarheit in folgenden Verszeilen äußert:

Die Wahrheit liegt in uns;
Was wir auch glauben mögen,
Zutiefst besteht in uns ein Mittelpunkt,
Wo Wahrheit wohnt in Fülle;
Doch ringsum lauter Wälle;
Das grobe Fleisch, das schließt uns ein."

Bruch zitierte diese Verse englisch, das er fließend sprach, obwohl er sich mit mir gewöhnlich deutsch unterhielt. Dann fuhr er fort: "Mr. Abell, Ihr berühmter amerikanischer Philosoph Ralph Waldo Emerson hat uns einen aufschlußreicheren Einblick in diese große, verborgene Kraft gegeben, die in uns allen wohnt, als unsere deutschen Schriftsteller es taten. Emerson nannte sie die Überseele (Over-Soul). Jesus bezeichnete sie als den ‚Vater, der in uns wohnt`. Emerson beschreibt sie genauer als Jesus, wenn er sagt: ‚Die Seele des Menschen ist kein Organ, sondern belebt und beeinflußt alle Organe; sie ist keine Funktion wie das Gedächtnis, das Rechnen, das Vergleichen, sondern verwendet diese als Hände und Füße; sie ist keine Fähigkeit, sondern ein Licht; nicht der Verstand oder der Wille; sie ist der große Hintergrund unseres Wesens, in dem diese Fähigkeiten ruhen - eine Unendlichkeit, die man nicht besitzt und die nicht in Besitz genommen werden kann.`

Dies dürfte die beste Erklärung dieser Kraft sein, die jemals gegeben wurde. Paulus beschrieb sie ähnlich, aber knapper, in der Apostelgeschichte 17, 28: ‚Denn in ihm leben, weben und sind wir.`

Es ist dieselbe Kraft, aus der Bach, Mozart und Beethoven schöpften und auf die alle Komponisten angewiesen sind, wenn sie etwas Gutes schaffen wollen. Wer sich dieser inneren Kraft bewußt aufschließt, wird inspiriert, aber technisch muß er angemessen gerüstet sein, um die ihm eingegebenen Ideen überzeugend niederzuschreiben."

Bruchs Aussage über Johannes Brahms

"Dr. Bruch", fragte ich, "welches Ansehen werden Sie als Komponist in 50 Jahren, verglichen mit Brahms, genießen? Heute erfreuen Sie sich größerer Beliebtheit als er."
"Sie stellen einem Komponisten eine recht ungewöhnliche Frage", antwortete Bruch, "aber sie interessiert mich, und ich werde sie Ihnen ehrlich und nach meiner inneren Überzeugung beantworten. Brahms ist zehn Jahre tot, doch noch immer wird über ihn gelästert, sogar unter den besten Musikkennern und Kritikern. Ich sage jedoch voraus, daß er im Laufe der Zeit immer mehr geschätzt werden wird, während die meisten meiner Werke nach und nach in Vergessenheit geraten werden. In 50 Jahren wird sein Glanz als der des überragendsten Komponisten aller Zeiten hell erstrahlen, während man sich meiner hauptsächlich nur wegen meines *g-Moll-Violinkonzertes* erinnern wird."
"Worauf gründen Sie eine solche Vorhersage? Brahms meinte, er werde seinen wahren Platz in der Musikgeschichte erst 50 Jahre nach seinem Tod einnehmen; er erwähnte Bach und Beethoven als berühmte Beispiele später Anerkennung. Er sagte aber nichts über das Ansehen, das er im Jahre 1947 genießen würde."
"Brahms war aus verschiedenen Gründen ein weit größerer Komponist als ich. Vor allem war er von stärkerer Originalität. Er ging stets seinen eigenen Weg. Er kümmerte sich überhaupt nicht um die Reaktion des Publikums oder die Meinung der Kritiker. Das große Fiasko seines *d-Moll-Klavierkonzerts* hätte die meisten Komponisten entmutigt. Nicht aber Brahms! Der Tadel, der auf ihn niederprasselte, nachdem Joachim sein Violinkonzert im Leipziger Gewandhaus im Jahre 1880 aufführte, hätte mich zermalmt.
Ein weiterer Umstand, der gegen mich sprach, war meine wirtschaftliche Lage. Ich hatte eine Familie zu ernähren und für die Ausbildung der Kinder zu sorgen. Ich mußte mit meinen Kompositionen Geld verdienen. Ich war deshalb gezwungen, gefällige und leicht verständliche Werke zu schreiben. Ich schrieb wohl nie für den Publikumsgeschmack; mein künstlerisches Gewissen ließ dies nicht zu. Ich schrieb immer gute Musik, aber solche, die leicht abzusetzen war. Über meine Musik zu streiten, bestand eigentlich kein Anlaß. Ich be-

leidigte das Ohr der Kritiker nie durch jene wunderbaren, widerstreitenden Rhythmen, die so bezeichnend für Brahms sind. Auch hätte ich es nicht gewagt, beim Übergang von einer Tonart in eine andere Stufensequenzen auszulassen, was die Modulationen Brahms´ so kühn und aufregend macht. Und schließlich hatte ich nicht den Mut, in solch dunklen Farben in der Art Rembrandts zu malen.

All dies und manches mehr sprach gegen Brahms, aber gerade diese Merkmale werden das Bild, das man sich in 50 Jahren von ihm macht, bestimmen, weil diese Eigenschaften ihn zu einem Komponisten von bezeichnender Originalität stempeln. Ich halte Brahms für eine der bedeutendsten Persönlichkeiten in den Annalen der Musik."

Bruch zieht Vergleiche zwischen Schumann, Mendelssohn und Grieg

"Glich die Beziehung zwischen Mendelssohn und Schumann nicht derjenigen zwischen Ihnen und Brahms?"

"Man könnte diese Parallele ziehen. Kein Komponist wurde zu Lebzeiten so gefeiert wie Mendelssohn, während der wahre Wert Schumanns erst lange nach seinem Tod anerkannt wurde; aber heute lautet das Urteil, daß Schumann der größere und originellere schöpferische Genius ist. Mendelssohn starb im Alter von 38 Jahren, aber er hinterließ nicht weniger als 121 Opusnummern. Von diesen wird heute nur noch ein verhältnismäßig kleiner Teil gespielt, aber Schumanns Größe wächst von Tag zu Tag. Warum? Weil er mehr Originalität besaß.

Was Mendelssohn betrifft, so war er äußerst fruchtbar in seiner Erfindungsgabe. Seine Melodien fließen mit einer Leichtigkeit und Ungezwungenheit dahin, die an Mozart erinnern; er war auch in der musikalischen Technik überlegen, aber Schumanns thematische Einfälle und seine harmonische Sprache verraten größere Tiefe.

Grieg ist ein ähnlicher Fall. Sein allgemeines Ansehen ist ungeheuer groß. Man findet seinen Namen auf jedem Programm, aber ich möchte voraussagen, daß er mit der Zeit an Größe einbüßen wird.

Warum? Weil gerade der Umstand, der seine heutige Beliebtheit ausmacht, morgen der Grund für seinen Abstieg sein wird. Ich verweise auf den stark nationalen norwegischen Beigeschmack seiner Musik. Das Publikum findet diese Sprache heute sehr reizvoll, aber sie engt seinen Wirkungsbereich ein. Eine universale Kunst wie die Musik läßt sich nicht in solch enge Grenzen einzwängen, ohne einseitig zu werden. Grieg hat eine große Anhängerschaft, wie sie nur wenigen Komponisten beschieden war - ein Faktor, der schließlich auch berücksichtigt werden muß."

Der 74jährige Max Bruch, ein ausgezeichneter Pianist im kleinen Kreise, mit Fritz Kreisler und Christian Sinding

An seinem Lebensabend glich Bruch einem Einsiedler. Er ging nur selten in ein Konzert, fand aber Freude daran, die führenden Geiger seiner Zeit in meinem und seinem eigenen Hause in Friedenau zu empfangen. Einmal traf er Fritz Kreisler bei mir und spielte seine *Schottische Phantasie* mit ihm, worüber die kleine, aber erlesene Gesellschaft äußerst erfreut war. Das war im Jahre 1912. Kreisler berichtet darüber sehr genau auf Seite 130 in der interessanten Kreisler-Biographie von Louis Lochner. Er ließ aber in seinem Buch die darauf folgende Unterhaltung aus, über die ich kurz berichten möchte.

Nachdem Kreisler mit Bruch gespielt hatte, sagte die Frau des amerikanischen Botschafters, Mrs. Leishman, zu ihm: "O, Herr Kreisler, ich habe so viel Wunderbares über Sie gehört. Spielen Sie doch bitte einen Strauß-Walzer für uns."

Worauf Harriet Kreisler ausrief: "Es freut mich, Mrs. Leishman, daß Sie Fritz gerne hören möchten. Ich glaube, er spielt Klavier besser als Geige."

Kreisler war so freundlich, sich an meinen Steinway-Flügel zu setzen, und unterhielt die Gesellschaft eine halbe Stunde lang mit *Künstlerleben, Wiener Blut, Wein, Weib und Gesang, Morgenblätter, Man lebt nur einmal* und, als Abschluß, *Die blaue Donau*, auf Ersuchen der Contessa Biron, der Tochter des amerikanischen Botschafters. Er spielte alle diese Walzer mit unbeschreiblichem Charme und mit jener echten Wiener Leichtigkeit, in der nur Alfred Grünfeld ihm gleichkam.

Bruch war erfreut und bemerkte: "Kreisler ist ein bemerkenswerter Musiker. Er ist nicht nur ein großer Geiger, sondern auch ein ausgezeichneter Klavierspieler. Nur ein geborener Wiener kann Straußsche Walzer so spielen."

Dies war ein hohes Kompliment, denn Bruch war trotz seines Alters immer noch ein hervorragender Pianist. Er war damals 74, spielte aber an jenem Nachmittag mit einem Feuer und einem Schwung, der Kreisler dazu anregte, seine *Schottische Phantasie* so vorzuspielen, wie ich sie seitdem nicht mehr gehört habe.

Als Christian Sinding das Zimmer betrat, ging Kreisler zum Klavier und schlug die Anfangstakte von Sindings *A-Dur-Konzert* an, wobei er sowohl den Geigen- als auch den Klavierpart mit großer rhythmischer Kraft spielte. Das Konzert war damals eine Spezialität Henri Marteaus, der es überall in Europa zu Gehör brachte.

Sinding war erfreut, lobte Kreislers Technik und sagte zu mir: "Ich gäbe alles in der Welt darum, wenn ich die Tastatur so beherrschen würde wie Kreisler. Ich konnte keine Klaviertechnik erlernen, obgleich ich in meiner Jugend fleißig daran arbeitete."

"Dann sind Sie in guter Gesellschaft", sagte Bruch, "denn Sie sitzen mit Wagner und Schumann im gleichen Boot."

Bruch erzählte dann einige Geschichten über verschiedene berühmte Musiker, die er kannte - Liszt, Rubinstein, Taussig, Wieniawski, Laub, Vieuxtemps, Thalberg. Dabei berührte er die Frage des absoluten Gehörs.

"Brahms besaß es in bemerkenswertem Grade", sagte er, "aber Wagner hatte es nicht, und Julius Stockhausen bemühte sich ein Leben lang vergeblich darum."

Bruch begegnete in meinem Hause auch Eugen Ysaye und Emil Sauer. Ich machte ihn mit Mischa Elman bekannt, mit dem er sein *g-Moll-Konzert* spielte, mit Cesar Thomson, Efrem Zimbalist und Jacques Thibaud. Auf meine Bitte hin zeigte er ihnen das Originalmanuskript seines *g-Moll-Konzerts*, und ihre Freude darüber amüsierte ihn köstlich.

"Da freut sich jeder Geiger", sagte er.

Bruch war häufig Gast in meinem Hause. Gelegentlich eines Besuches im Jahre 1911 faßte ich Mut und fragte ihn, ob er sich mit mir photographieren lassen würde. Er stimmte bereitwillig zu; das Bild zeigt ihn an meinem Steinway-Flügel, wie er mit mir das Adagio aus seinem *g-Moll-Konzert* spielt. Ich besaß keinerlei Übung auf der Geige und hielt nur mit Mühe durch, aber Bruch war sehr nachsichtig mit meinem Spiel.

Ein anderes Mal wurde er beim Nachmittagstee mit meiner Tochter Carla, meiner Frau und mir sowie meiner Schwester Lura Abell photographiert. Diese zwei Photographien von Bruch werden jetzt erstmalig veröffentlicht.

Das *g-Moll-Konzert* fand reißenden Absatz, so daß der Verleger Simrock Bruch später den Betrag von 50 000 Mark als Sonderhonorar bezahlte. Das kam ganz überraschend; die übrigen Verleger waren jedoch nicht so großzügig.

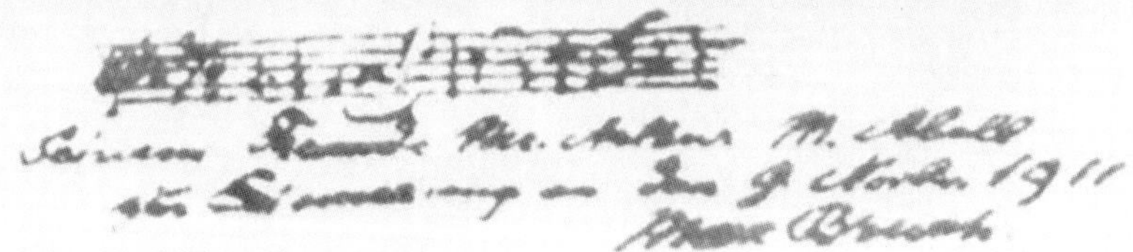

Am Flügel Max Bruch, stehend Arthur M. Abell.
Die Widmung lautet:
"Seinem Freunde Mr. Arthur M. Abell
zur Erinnerung an den 9. November 1911
Max Bruch.

Von links nach rechts: A.M. Abell, seine Tochter Carla, Max Bruch, Frau Abell, A.M. Abells Schwester Lura, die ihm als Korrespondent des Musical Courier assistierte, in Abells Berliner Heim 1911.

Edvard Grieg

Die Quelle seiner Inspiration

Eine der interessantesten Seiten meiner vielen Gespräche mit berühmten Komponisten über die Inspiration war die individuell verschiedene Betrachtungsweise dieses Themas. Griegs Anschauungen waren, wie seine Musik, völlig anders als die der übrigen Künstler. Ich begegnete Grieg zum ersten Mal in Leipzig im Jahre 1892. Ich sah ihn danach noch mehrmals, denn er reiste oft nach Deutschland, aber erst im Winter 1907 führte ich mit ihm in Berlin ausgedehnte Gespräche über seine Inspiration beim Komponieren. Er sprach fließend Deutsch, und wir unterhielten uns immer in dieser Sprache.

"Dr. Grieg, würden Sie mir bitte sagen, wie Sie die reizenden norwegischen Eigentümlichkeiten in Ihrer Musik entwickelt haben, die Ihren Namen in die Herzen aller musikliebenden Menschen der Welt gesenkt haben? Unser führender amerikanischer Komponist Edward MacDowell nahm Sie zum Vorbild."

"Meine heimatlichen Berge, Fjorde und die duftenden Fichtenwälder Norwegens waren für mich immer eine große Quelle der Inspiration.

Vom 9jährigen Komponisten zum weltberühmten Tonschöpfer eigentümlich-norwegischer Prägung

Mit neun Jahren begann ich zu komponieren, aber erst Jahre später fand ich mich. Als Junge glaubte ich, in den Herzen der Norweger meiner Heimatstadt Bergen einen wunderbaren Resonanzboden schwingen zu hören. Und es war mein größter Ehrgeiz, ihn für die Ohren der ganzen Welt erklingen zu lassen. Ich vernahm das Raunen in der Natur, und der Duft der norwegischen Fichtenwälder sollte in den Konzertsälen überall auf der Welt zu spüren sein. Ole Bull weckte in mir den Entschluß, charakteristische norwegische Musik zu komponieren. Er erkannte verborgene Möglichkeiten in mir und schickte mich mit 15 Jahren ans Konservatorium nach Leipzig, wo ich von 1858 - 1862 Kompositionslehre und Klavier studierte. Hauptmann, Richter, Reinecke und Moscheles waren meine berühmten Lehrer. Sie steckten mich in eine recht lästige, aber unbedingt notwendige Zwangsjacke, denn mein ungezügeltes norwegisches Temperament bedurfte dringend der Disziplin.

Ole Bull war mein guter Engel. Er öffnete mir die Augen für die Schönheit und Ursprünglichkeit der norwegischen Musik. Durch ihn lernte ich viele vergessene Volksweisen und vor allen Dingen meine eigene Natur kennen. Ohne seinen wohltätigen Einfluß hätte ich farblose Musik im Stile eines Niels Gade komponiert, bei dem ich eine Zeitlang Unterricht nahm, nachdem ich das Konservatorium in Leipzig verlassen hatte. Gade ahmte Mendelssohn sklavisch nach, aber er war nur ein schwaches Echo dieses Meisters. Nachdem Ole Bull ein vor mir komponiertes Klavierstück gehört hatte, das Niels Gades Einfluß deutlich zeigte, sagte er mir: 'Edvard, diese Richtung ist nicht der dir vorgezeichnete Weg. Wirf diesen Einfluß Gades über Bord. Bilde dir deine eigene Sprache. Du hast sie in dir. Schreibe Musik, die deine Heimat ehrt, schaffe eine echt norwegische Atmosphäre. Du wirst berühmt, wenn du das tust; wenn du aber Niels Gades Spuren folgst, watest du nur im Schlamm.'

Die Schuppen fielen mir von den Augen. Ich befolgte den Rat und entwickelte den für mich charakteristischen Stil. Gewiß, manche billigen ihn nicht, Jadassohn zum Beispiel. Er studierte ebenfalls Kompositionslehre in Leipzig bei Moritz Hauptmann und hatte bis zu seinem Tod dieselbe Stelle inne, die Hauptmann so viele Jahre bekleidet hatte. Ich hatte große Achtung vor Jadassohn, mit dem ich seit meiner Jugend eng befreundet war. Ich besuchte ihn immer in Leipzig. Er galt allgemein als einer der maßgebenden Lehrer für Theorie und Kompositionslehre. Wir waren immer sehr offen in der gegenseitigen Kritik. Jadassohn komponierte vier Symphonien, zwei Klavierkonzerte, Chorwerke, Ballettmusik und zahlreiche Quartette und Quintette, aber es fehlt ihnen gänzlich an Inspiration. In ihrem Aufbau sind sie jedoch Muster - meinen eigenen Kompositionen weit überlegen -, aber seine Gesamtleistung stellt reine Gehirnarbeit dar und wird nicht bestehen.

Vor sechs Jahren hatte ich ein langes Gespräch mit Jadassohn in Leipzig. Ein Jahr darauf starb er. Wir unterhielten uns über die moderne Richtung in der Musik, über Wagner und die vier 'B', Brahms, Bruch, Bruckner und Bungert. Bei dieser Gelegenheit kritisierte Jadassohn gerade die Musiksprache, die von der ganzen Welt so bewundert wird und mich berühmt gemacht hat."

"Es würde mich interessieren", bemerkte ich, "was er über Ihre Musik sagte. Ich traf Jadassohn im Jahre 1895 anläßlich des großen internationalen Wettbewerbs um den Rubinstein-Preis in Berlin. Er war Mitglied der zwölfköpfigen Jury."

"Ich erinnere mich an diesen Musikwettbewerb", antwortete Grieg. "Ein junger Russe, Josef Lhevinne, gewann den 1. Preis; ein Australier, Ernest Hutcheson, den 2.; 36 Bewerber kamen aus ganz Europa. Weitere Mitglieder der Jury waren Busoni, Widor, St. Saens und Diemer. Ich wurde ebenfalls gebeten, war aber verhindert, so sehr mich ein Wiedersehen mit den Genannten gefreut hätte. Busoni ist der größte Pianist seit Liszt und Rubinstein; sein Vortrag von Werken Bachs, Beethovens und Liszts erfüllt mich mit der größten Bewunderung."

"A propos - Jadassohn", warf ich ein. "Busoni, der gern eine nette Geschichte erzählt, berichtete einmal von einem Streich, den die Musikschüler in Jadassohns Klasse am Leipziger Konservatorium verübten.

Eines Morgens betrat Jadassohn den Hörsaal mit sichtbaren Spuren von Eigelb an seinem langen Bart. Die Studenten wußten alle, daß er es mit der Sauberkeit nicht so genau nahm und wie Brahms sein Äußeres vernachlässigte; dies aber übertraf alles, was sie bisher erlebt hatten. Nach einem kurzen Meinungsaustausch im Flüsterton beschlossen sie, einen Scherz zu machen, und ihr Sprecher sagte:

'Herr Professor, wir beschäftigen uns gerade mit Gedankenübertragung. In den Zeitungen steht so viel darüber, daß wir es jetzt üben.'

'Sie verschwenden Ihre Zeit. Ich glaube überhaupt nicht daran. Es ist ja alles Unsinn.'

'O, Sie irren sich, Professor! Es handelt sich um eine exakte Wissenschaft. Wir können Gedanken lesen und wissen, was Sie heute morgen gegessen haben.'

'Ich wette zehn Mark, daß Sie es nicht können. Aber bitte sehr, was meinen Sie? Was habe ich gegessen?'

'Eier!'

'Ah, Sie irren sich. Ich habe seit zwei Wochen kein Ei gegessen.'

Grieg lachte herzlich: "Eine nette Geschichte, typisch Jadassohn, der in seinem äußeren Auftreten recht nachlässig war. Er war noch schlimmer als Brahms; aber kommen wir auf das zurück, was er über meine norwegischen Eigentümlichkeiten in der Musik sagte."

Grieg schaute mich sonderbar und neckisch an. Er hatte schöne, große, ausdrucksvolle blaue Augen, die manchmal in den Kern meines Innersten einzudringen schienen, aber hin und wieder blickten sie träumerisch in die Ferne, als sei er in eine Welt der Märchen, Elfen, Gnome und Kobolde entschwebt, zu der kein gewöhnlich Sterblicher Zugang hatte. Da ich merkte, daß er unter dem Einfluß irgendeines Zaubers stand, saß ich mäuschenstill, bis er wieder in die Gegenwart zurückfand. Dann fragte ich ihn: "Es würde die Leser meines Buches interessieren, Dr. Grieg, was Jadassohn an Ihren Kompositionen auszusetzen hatte."

Grieg und sein Kritiker Jadassohn

"Während des letzten Gesprächs, das ich im Jahre 1901 mit Jadassohn führte", fuhr Grieg fort, "sagte er unter anderem: 'Edvard, du übertreibst diese nordische, nationale Färbung. Du siedelst eine Universalkunst nur örtlich an. Ich weiß recht wohl, daß dich dies beim allgemeinen Publikum so beliebt gemacht hat und daß du wahrscheinlich deine große Anhängerschaft verlieren würdest, wenn du einen anderen Stil versuchen würdest. Ich bin aber davon überzeugt, daß ein Komponist deines Formats der Nachwelt eine Pflicht schuldet und daß du die Fähigkeit besitzt, etwas von bleibendem Wert zu komponieren, das auch noch in hundert Jahren gespielt würde. Offen gesagt, glaube ich nicht, daß irgendeines deiner Werke lange leben wird.

Du bist ein glühender Patriot, Edvard, und deine Musik fließt über vor

Vaterlandsliebe. Du liebst deine Heimat so stark, daß sie in deiner Musik überschäumt. Ich gestehe dir zu, daß sie einen großen Reiz ausübt, daß sie dich zu einer weltbekannten Persönlichkeit gemacht hat, aber ich würde es gerne sehen, daß du mehr im Stil eines Kosmopoliten schreibst. Du bist lediglich ein Miniaturtonmaler. Du sperrst Euterpe in einen Käfig, dessen Gitterstäbe die norwegischen Fjorde und Berge sind. Gewiß, es ist ein schöner Käfig, durchflutet vom Duft der Fichten deiner malerischen Heimat, aber Euterpes Schwingen tragen sie bis zum äußersten Ende der Welt.'

'Drücke dich bitte bestimmter aus, Salomon', sagte ich. 'Diese glitzernden Gemeinplätze sind sehr poetisch, aber es wäre mir lieb, wenn du mir Einzelheiten nennen würdest. Ich achte deine Kritik, denn ich weiß, daß du ein Musikkenner bist und offen mit mir sprichst.'

'Nun, Edvard, du hast großes Geschick bewiesen, deinen speziellen norwegischen Klängen eine klassische Form zu geben, so daß man sie für echte Volkslieder hält. Du hast aber nicht gezögert, diese Formen zu verändern, wenn sie dir im Wege standen. Du hast deine Ideen selten logisch entwickelt. Kleine lyrische Formen gelingen dir am besten; aber deine kennzeichnendsten Merkmale sind zur Manieriertheit geworden, zum Beispiel dein Trick, eine Sequenz aus drei fallenden Noten zu verwenden - vom Grundton zur Dominante. Du hast in deinen Kompositionen, besonders in deinem Klavierkonzert, zu häufigen Gebrauch davon gemacht. Mich beginnt das zu ermüden. Für meinen Geschmack verwendest du gewisse harmonische Progressionen im Übermaß.

Deine zwei *Peer-Gynt-Suiten*, die du zuerst als Klavierduette geschrieben hattest, haben in ihrer Orchesterfassung weltweite Anerkennung gefunden. Sie enthalten viele inspirierte Stellen. Die Harmonien in *Ases Tod* haben etwas Verzauberndes, das im Gedächtnis der Zuhörer haften bleibt, und die pikante orientalische Atmosphäre in *Anitras Tanz* schlägt jeden in ihren Bann. Einige deiner Lieder, zum Beispiel *Ich liebe dich* und *Solveigs Lied*, sind überall sehr beliebt. Du hast eine höchst empfindsame dichterische Natur, Edvard. Du liebst das Schöne und das Romantische, und ich spüre deutlich eine gewisse geniale Gabe bei dir.

Als ich am Konservatorium beim Professor Hauptmann die Kontrapunktlehre studierte, bewunderte ich bei anderen Schülern die

Eigenschaften, die mir fehlten, und deine Genieblitze überraschten mich immer, weil ich den völligen Mangel an Inspiration in meinen eigenen Werken empfinde. Ich gebe zu, daß diese nationalen Merkmale dich in der ganzen Welt berühmt gemacht haben. Deine große Anhängerschaft beweist dies eindeutig, doch befürchte ich, sie wird sich eines Tages als Falle erweisen, in der du dich selbst gefangen hast. Was wird man über dich denken, wenn du einmal so lange wie Bach, Mozart und Beethoven tot bist? Natürlich erleben wir deinen Abstieg nicht mehr, aber ich sehe ihn voraus. Die Musik ist eine zu hohe Kunst, als daß man sie in die engen Grenzen deiner norwegischen Heimat einsperren könnte. Du bist dein eigener Gefangener, Edvard.'

Ich berichte Ihnen, Mr. Abell, alles, was Jadassohn mir bei dieser Gelegenheit sagte. Ich hatte große Achtung vor seinen Kenntnissen in der Theorie und Kompositionslehre. Er verstand ebenso viel davon wie mein berühmter Lehrer Moritz Hauptmann. Als ich ihm so zuhörte, wie er mir meine gröbsten Fehler vorhielt, kam ich mir vor, als säße ich wieder in der Kompositionsklasse im Konservatorium und Hauptmann halte mir eine Vorlesung über meine Mängel. Ich schrieb alles nieder, was Jadassohn hervorhob, und habe mich seitdem oft damit beschäftigt.

Seinerzeit jedoch antwortete ich: 'Ich weiß, Salomon, daß du es gut mit mir meinst, und ich gebe zu, daß du in deinem Urteil über meine Musik vielleicht recht hast. Du siehst die Dinge von einem fernen Standpunkt. Meine Musik wird zweifellos in hundert Jahren in Vergessenheit geraten sein; und doch meine ich, ich habe meine Zeit nicht für eine Musik verschwendet, die Millionen von Menschen in allen aufgeklärten Ländern erfreut hat, auch wenn ich gerade die musikalische Ausdrucksweise gebrauchte, die du tadelst. Ich erhebe keinen Anspruch, zur Klasse eines Bach, Mozart und Beethoven zu gehören. Ihre Werke sind ewig, während ich für meine Zeit und meine Generation schrieb.'

Grieg wandte sich mir zu und fügte noch an: "Liszt bemerkte einmal über Thalberg: 'Son genre est petit, mais il est grand dans son genre.' Dieser Ausspruch könnte auch auf mich angewendet werden.

Ich teile Ihnen dies mit, Mr. Abell, freilich mit dem Vorbehalt, daß Sie Jadassohns Äußerungen erst 25 Jahre nach meinem Tod veröffentlichen werden. Sie könnten die Millionen noch lebenden Freunde meiner Musik enttäuschen, wenn sie erfahren, daß eine so große Autorität eine so geringe Meinung von jenen Eigenschaften in meinen Werken hatte, die sie so sehr bewundern. Jadassohns Kritik steht in keinem der bisher veröffentlichten biographischen Abrisse, weil niemand davon weiß".

"Ich werde Ihre Wünsche respektieren, Dr. Grieg. Die Herausgabe meines Buches erfolgt auf keinen Fall vor 1947, denn Brahms nahm mir das Versprechen ab, es erst 50 Jahre nach seinem Tode zu veröffentlichen."

Grieg spricht über die bewußte und die unbewußte Inspiration

"Wie äußerte sich Brahms über die Inspiration? Er stand auf einer viel höheren Ebene als ich. Seine Ansichten würden mich interessieren."

Ich erzählte Grieg einige der prägnantesten Formulierungen des dritten berühmten deutschen "B". Grieg war sichtlich beeindruckt. Einige Minuten lang saß er traumversunken da; danach bemerkte er: "Seltsam! Jetzt verstehe ich, auch das Bewußtsein ist eine Sache der Entwicklung. Ein Komponist kann diese großen Grundsätze nur in dem Maße erfassen, wie die Entfaltung es ihm gestattet. Was Brahms Ihnen gegenüber äußerte, hat schlummerndes Wissen in mir geweckt oder vielmehr Kenntnisse, die nur halb verdaut waren. Ich begreife nun, daß seine Erlebnisse in jenem geheimnisvollen Reich in vieler Hinsicht meinen Erlebnissen ähnlich sind, nur besaß er die Fähigkeit geistiger Koordination so stark, daß er sich des Geschehens in seinem Innern bewußt war, ich hingegen nicht."

"Würden Sie bitte erläutern, was Sie damit meinen, Dr. Grieg? Offensichtlich erkennen Sie einige tiefe, verborgene Wahrheiten, die mir nicht so verständlich sind."

"Gut, ich werde mich deutlicher ausdrücken. Ich tat instinktiv, was Brahms sowohl instinktiv wie aus bewußt tat. Ich komponierte, wie der Geist mich drängte, ohne daß mir klar wurde, daß ich mit großen kosmischen Gesetzen arbeitete, während Brahms wie auch Beethoven erkannten, daß ihnen die Allmacht zur Seite stand. Nur ein überragender schöpferischer Genius erreicht diese Höhen."

"Milton war eines dieser Genies", bemerkte ich. "Er war sich bewußt, daß eine höhere Macht ihm diktierte."

"Das stimmt", antwortete Grieg. "Ich habe *Paradise Lost* in deutscher Übersetzung gelesen, aber ich zog nicht denselben Nutzen daraus wie Brahms. Wir Komponisten projizieren das Unendliche, Unbegrenzte in das Endliche, Begrenzte."

"Bravo!" rief ich. "Eine hervorragende Formulierung, die ganz im Einklang mit der Auffassung von Brahms steht. Beeinflussen äußere Umstände Ihre inspiratorische Stimmung?"

"Sehr stark, ich brauche vor allem Einsamkeit. Schon in früher Jugend spürte ich, wie sehr ich die Abgeschiedenheit brauchte, und Ole Bull bestärkte mich darin. Er pflegte mich in einen tiefen, beinahe unzugänglichen 'Kessel', wie er es nannte, in Valestrand mitzunehmen, wo er mir jene geisterhaften norwegischen Weisen vorspielte, die mich so begeisterten und den Wunsch in mir weckten, sie als Grundlage meiner eigenen Melodien zu verwenden."

Griegs norwegischer Lehrmeister Ole Bull

"Erzählen Sie mir mehr über Ole Bull", bat ich. "Ich habe viel von ihm gehört."
"Mit Ausnahme von Wieniawski und Joachim war er der berühmteste Geiger, den ich kenne. Er verzauberte mich mit einem mächtigsten Etwas, das mich gleichzeitig zum Lachen und zum Weinen brachte. Ich lachte vor Freude über sein unheimliches Geschick, und ich weinte, wenn seine beseelte Kantilene mir einen goldenen Faden um das Herz wand und es aus meinem Körper zu reißen drohte. In seinem Buch *Berühmte Geiger der Vergangenheit und Gegenwart* schrieb Eherlich über ihn: 'Ole Bull verfügte über eine höchst glänzende Technik und wußte durch eine wunderbar süße Kantilene hinzureißen.' Wasielewski machte ihm ähnliche Komplimente.
Als Ole Bull im August 1880 starb, trauerte ganz Norwegen. Björnson und ich sprachen an seinem Grab. Ich nannte ihn Norwegens berühmtesten Sohn und die Zierde der skandinavischen Halbinsel. Björnson erwähnte, was Joachim einst über Ole Bulls wunderbare dichterische Kraft geäußert hatte, als er ein Adagio spielte. Nie sah ich so viele Blumen an einem Grab. Sie waren eine passende Ehrung für Norwegens berühmtesten Sohn."
Nach einer kleinen Weile zitierte er Longfellows Schilderung Ole Bulls in den *Tales of a Wayside Inn*. Er konnte kein Englisch, aber zu meiner großen Freude brachte er des Dichters eigenen Worte, die er auswendig gelernt hatte, und mit schleppendem, deutlich norwegischem Akzent rezitierte er:

Mit blondem Haar, die Augen blau,
Das Antlitz froh entbrannt,
Groß von Gestalt, geschmeidig und gewandt,
Und jeder Zug in dem Gesicht
Vom Blut Norwegens spricht;
Von innen welche Flut an Glanz,
Legt sich um Aug´ und Stirne wie ein Kranz;
So gleicht er einem Engel mit der Violin,
Von Raphael gemalt er schien.

"Welch malerische Schilderung Ole Bulls!" rief ich. Ich höre dieses Gedicht zum ersten Mal, ich, ein Amerikaner, hier in der Hauptstadt Deutschlands, auf Englisch, von einem Norweger gesprochen."
"Ja, es ist ein merkwürdiger Zufall", antwortete Grieg. "Aber das ist noch nicht alles, was Longfellow über Ole Bull geschrieben hat. Über die Eindrücke des Dichters von seinem Spiel sagt er:

Vor dem Feuer hell entflammt,
Ein Musiker steht ganz gespannt,
Er beuget immer wieder
Sich auf die Geige nieder
Und lauscht, bis er erfährt,
Was insgeheim ihr Denken nährt.
Sieg, Not, ein freudig Herz,
Frohlocken, doch auch Schmerz;
Der Kunst Magie hat ihm beschieden,
Ihr pochend Herz zu lullen in den Frieden."

Grieg war von diesen Versen so hingerissen, daß er sich erhob und Kopf und Arme so bewegte, als spiele er auf einer Geige.
Schließlich trug er noch einen Vers vor, worin Longfellow in schöner dichterischer Sprache die Entstehung einer Geige schildert:

Das Instrument, das er da hält,
Ward in Cremona hergestellt
Von einem Meister längst vergangner Zeit,
Bevor die göttlich Kunst ging ganz verloren;
Aus Ahorn und aus Ficht´ erkoren
In Wäldern in Tirol so weit,
Mit Sturm gekämpft so manche Zeit.
Ein Muster, selten schön geboren,
Vollkommen bis ins kleinste.
Er spielt dies Werk aufs feinste.
Und auf den Boden schrieb er ein zum Schluß
Den Meister, dem sie ist entstammt,
Und stolz wird er genannt:
Antonius Stradivarius.

"Bravo!" rief ich. "Das einzige mir bekannte englische Gedicht, das vom Werden einer Geige aus Ahorn- und Fichtenholz berichtet."

Grieg fügte hinzu: "Es gibt kein norwegisches oder deutsches Gedicht, das in solch gedrängten Worten das Entstehen einer Geige schildert. Das Violinspiel Ole Bulls wird noch in weiteren Versen beschrieben, aber diese drei sind die einzigen, die ich in englischer Sprache vortragen kann."

Bei einem kurzen Aufenthalt Griegs in Berlin arrangierte ihm zu Ehren der Direktor des Schillertheaters eine *Peer-Gynt*-Aufführung. Grieg, seine Gattin, Serge und Natalie Koussevitzky, meine Frau und ich saßen mit Dr. Loewenfeld und Gemahlin in dessen Loge.

Es war Griegs letztes öffentliches Konzert. Die 3.000 Plätze des Philharmoniesaals waren ausverkauft, und dem Komponisten wurden stürmische Ovationen bereitet. Das Konzertprogramm wird jetzt zum ersten Mal veröffentlicht. Grieg starb noch im gleichen Jahr, am 4. September 1907.

Edvard Grieg im Jahre 1892,
als Arthur M. Abell ihm zum ersten Mal begegnete.

Ole Bull,
Lehrmeister und "guter Engel" Edvard Griegs im Jahre 1853.

Konzertdirektion Jules Sachs,
Berlin W., Lützow-Platz 4.

Preis 20 Pfg.

Philharmonie

(Bernburgerstrasse 22a).

Freitag, den 12. April, abends 8 Uhr — und (Wiederholung) — Sonntag, den 14. April, mittags 12 Uhr

Konzerte

Edvard Grieg

mit dem verstärkten Philharmonischen Orchester

Solisten: Kammersängerin **Ellen Gulbranson, Rosa Bertens, Halfdan Cleve.**

Konzertflügel: Bechstein.

PROGRAMM.

I. Drei Orchesterstücke aus der Musik zu „Sigurd Jorsalfar" (Sigurd der Kreuzfahrer), Schauspiel von Björnson:
a) In der Königshalle
b) Borghilds Traum
c) Huldigungsmarsch
Das Philharmonische Orchester, unter Leitung von Edvard Grieg.

II. a) Solvejgs Wiegenlied (aus „Peer Gynt")
b) Vom Monte Pincio
c) Ein Schwan
Ellen Gulbranson, begleitet vom Philharmonischen Orchester.

III. Bergliot, Melodrama
Rosa Bertens und das Philharmonische Orchester.

IV. Klavierkonzert op. 16, A-moll
a) Allegro moderato, b) Adagio, c) Allegro, Presto, Maestoso
Halfdan Cleve, begleitet vom Philharmonischen Orchester.

V. a) Gegrüßt seid, ihr Damen
b) Erstes Begegnen
c) Dein Rat ist wohl gut
Ellen Gulbranson, am Klavier begleitet von Edvard Grieg.

VI. Zwei Stücke für kleines Orchester:
a) Abend im Hochgebirge (Oboe, Horn, Streichorchester)
b) Letzter Frühling (Streichorchester)
Das Philharmonische Orchester, unter Leitung von Edvard Grieg.

itehend.

Programm der letzten beiden öffentlichen Konzerte Edvard Griegs in der Berliner Philharmonie am 12. und 14. April 1907.

Nachwort

Wenn ich rückschauend den Inhalt dieser Seiten überblicke, so glaube ich noch immer, wie auch schon vor dem Weltkrieg, daß das auffallendste Merkmal der Enthüllungen meiner "Geniefreunde" in der gänzlichen Verschiedenheit der Wege liegt, durch die jeder von ihnen mit dieser universalen, schwingenden, kosmischen Kraft, die wir Gott nennen, in Verbindung trat.

Obgleich sie alle in bezug auf die Quelle ihrer Inspirationen übereinstimmten, hatte jeder einen anderen, individuellen Zugang. Brahms unterscheidet sich in seinen Enthüllungen von Wagner, Strauss von Puccini, Bruch von Grieg. Shakespeare, der alle Höhen und Tiefen menschlicher Gefühle auslotete und ihre Probleme löste, sagt dazu:

Many for many virtues excellent
None but for some and yet all different.
(Viele glänzen mit Leistungen auf vielen Gebieten,
keiner auf einigen nur, und doch sind alle verschieden!)

Der vorliegende Titel ist auch in englischer Sprache über uns zu beziehen:

Talks with great Composers

This book reveals the intellectual, psychic and spiritual experiences of Brahms, Puccini, Strauss, Humperdinck, Bruch and Grieg while creating their immortal masterpieces. These disclosures were made during the years 1890-1914 to the author, who was a close personal friend of the composers. Brahms though outspoken insisted that his disclosures should not be published until fifty years after his death. This is the first time in musical history that a book describes in detail the inspirational processes of creative geniuses while at work.
219 Seiten / Euro 11,80 / BestNr. 1217

Weitere Titel aus unserem Programm

Estelle Stead
Die blaue Insel
ISBN 978-3-89575-071-7
Ein faszinierender Bericht über das Weiterleben nach dem Tode. Estelle Stead erhielt auf medialem Wege aufrüttelnde Nachrichten ihres Vaters von seinem "Übergang" und von der Zeit "Danach". Ein inhaltsreiches Buch, das Antwort auf die Frage gibt, ob bzw. in welcher Form es ein Weiterleben nach dem Tode gibt. *102 Seiten*

Helena Lembke
Willkommen im Licht
ISBN 978-3-89575-155-4
Der Tod - das viel umwitterte Geheimnis vom Ende des Lebens. Doch was kommt danach? Die Autorin lüftet nicht nur das Geheimnis um das Leben nach dem Tod, sondern vor allem und in erster Linie erläutert Sie würdevolles Sterben, den Prozess Sterben an sich und den Umgang mit der Erkenntnis: das Sterben gehört unweigerlich zum Leben und kann - richtig gelegt - den Betroffenen und die Angehörigen beflügeln und die Trauer erleichtern, denn der "Tod hat keine Bedeutung". *140 Seiten*

Wilhelm Eichsteller
Der praktische Homöopath
ISBN 978-3-89575-011-3
Das Handbuch der homöopathischen Therapie. Verständlich geschrieben, einzigartig und einmalig in seiner Anordnung und im Gebrauch. Alphabetisch nach Krankheitsbildern geordnet, zeigt es den besten und schnellsten Weg zur wirksamen Anwendung der homöopathischen Therapie.
Aus 364 Heilmitteln ist für jeden Erkrankungsfall das Richtige zu finden. Mit einer Fülle der markantesten und leicht einprägsamen Krankheitssymptomen. *286 Seiten*

Walter A. Posch
Das Geheimnis der Rückführungen
ISBN 978-3-89575-150-9
Dieses Buch liefert eine umfassende Erklärung zur absoluten Ungefährlichkeit von Rückführungen. Dieses Buch ist auch für dich der Schlüssel zu (d)einem Leben in Glück, Harmonie und Vollkommenheit! *216 Seiten*

Jutta Westphalen
Der Flug der Falkenfrau
ISBN 978-3-89575-157-8
Frauen geben ihr schamanisches Wissen weiter.
Jutta Westphalen leitet Sie behutsam an, so dass Sie Ihre Seelenlandschaft bereisen, dort Ihr Krafttier kennenlernen können und auch die unerschöpflichen Kräfte der vier Archetypen erfahren: Die Energie der inneren Heilerin, Seherin, Kriegerin und Lehrerin. *265 Seiten*

Werner Giessing
Erwecke die Kraft des Handlesens in Dir
ISBN 978-3-89575-148-6
Wer möchte nicht mal in die Zukunft schauen oder seine wirklichen Talente entdecken, die man oft durch den rationalen Verstand nicht sieht und somit sich selbst in seiner Weiterentwicklung behindert? Unsere Fähigkeiten und Eigenschaften stehen in den Händen geschrieben. *242 Seiten*

Cornelia Geiger
Räucher-Fibel
ISBN 978-3-89575-151-6
Pflanzen bestimmen, sammeln und räuchern - die Kraft der Pflanzen entdecken und nutzen! Durchgehend 4farbig mit vielen Bildern. *105 Seiten*

Dick Hellwich / Rolf Mihm

Erwecke die Pendelkraft in Dir

ISBN 978-3-89575-124-0

Einer umfassenden Einführung in das Pendeln folgen über 90 Pendeltafeln die viele Bereiche des Lebens abdecken. *94 Seiten*

Sylvia Barbanell

Wenn Deine Tiere sterben

ISBN 978-3-89575-070-0

Ergreifende Erlebnisse über Tiere und deren Halter, und über die alles überwindende Liebe - sogar über den Tod hinaus. Diese gesammelten Erlebnisberichte zeugen sowohl von der Unermesslichkeit der wahren Liebe zwischen Mensch und Tier, als auch von der klaren Überzeugung, dass auch Tiere den Tod überleben. *212 Seiten*

Aundh

Das Sonnengebet

ISBN 978-3-89575-096-0

Der große Wert dieser Körper- und Atemübungen liegt in ihrer Einfachheit und allgemeinen Wirkung. Sie beanspruchen nicht nur einen einzelnen Teil des Körpers, sie wirken auf jede Zelle und jede Sehne, verleihen Kraftgefühl und olympische Ruhe. Mit Falt-Tafel zum Aufhängen. *96 Seiten*

E´Lassa

Yippijayeah

ISBN 978-3-89575-188-2

Mit vielen Übungen und praktischen Tipps erklärt E´Lassa, wie die einzelnen Zahlen positiv gelebt werden können und man so die Voraussetzungen erfüllt, um seine Lebensaufgabe zu lösen.

Erkennen Sie Ihren Zahlencode. Wenn Sie dies erreicht haben, wird Ihr Leben leicht und unbeschwert - eben einfach "Yippijayeah". *123 Seiten*

Maria Elisabeth

Seelenbewußtsein

ISBN 978-3-89575-147-9

Dieses Buch ist wie ein kleiner Fahrplan zu Ihrem Leben sowie zu den Dingen, die Ihnen begegnen. Es zeigt die Ursachen auf, warum Ihr Leben bisher so verlaufen ist und nicht anders. Es stellt eine Methode vor, die Ihnen hilft Ihr Potential und Ihre Talente zu erkennen und diese auch zu leben. So werden Sie Meister ihres eigenen Lebens. *96 Seiten*

Raffael Boriés

Sterben - Wandlung im Leben

ISBN 978-3-89575-107-3

Das Sterben können wir nicht vorwegnehmen. Wir können uns nur dem Geheimnis annähern. Aber durch Annehmen und Loslassen der täglich sich stellenden Aufgaben, werden wir dem großen Wandlungsmoment besser entgegensehen.
Verschiedene Betrachtungsweisen zu den Themen Sterben und Tod helfen dem Leser, die Angst zu vermindern und mutig das Leben zu leben.
107 Seiten

Renate Gallert

In den Fängen des Guru

ISBN 978-3-89575-140-0

Das Buch ist eine fesselnde, auf Tatsachen beruhende Reise in die mystischen Lehren der Brahmanen und die Gesetze des Karmas. Es entwickelt sich ein spannendes Bild voller Erotik, Liebe und Selbstaufgabe. *312 Seiten*

Yves Kraushaar

Moses - Größter Prophet aller Zeiten

ISBN 978-3-89575-134-9

Die Bedeutung der 10 Lebensträger, wie die 10 Gebote besser bezeichnet, bilden ein Kernstück dieses Werkes.
Dieses Werk beleuchtet dank intensiver Forschungen, zum Teil basierend auf dem Hintergrund des Alten Testaments und der beiden europäischen „Gottesboten" Jakob Lorber und Emanuel Swedenborg, völlig neue Aspekte des Lebens und Wirkens Moses. Nach Ansicht des Autors ist Moses bislang der größte und nachhaltigste Prophet aller Zeiten. *207 Seiten*

Jacqueline Kahuna

Energien der Emotionen

ISBN 978-3-89575-132-5

Gestaute Energien zum Fließen bringen, ein gesundes Selbstwertgefühl entdecken, Geheimrezepte zur Findung aufrichtiger Beziehungen, unsere Intuition für uns arbeiten lassen - dies sind einige der spannenden Themenbereiche dieses vorliegenden Werkes. *119 Seiten*